Conversión eficiente de TI

Guía de equipos informáticos de las empresas más pequeñas y startups

Bernd Schütt

Derechos de autor © 2024 Bernd Schütt, Autor

Contacto: bschuett@posteo.de

1ª edición 2024

Todos los derechos, en particular el derecho de reproducción y distribución, así como el de traducción, pertenecen al autor.

Ninguna parte de la obra puede ser reproducida en ninguna forma (por fotocopia, microfilm o cualquier otro proceso de copia) sin el permiso escrito del autor, o puede ser procesada, duplicada o distribuida utilizando sistemas electrónicos.

Microsoft, Apple, Windows, Linux, Android, etc. son marcas comerciales registradas o no registradas en los Estados Unidos y/o en otros países.

Prefacio

Toda la información de este libro ha sido recopilada por el autor con gran cuidado y reproducida con la participación de medidas de control efectivas. Sin embargo, no se pueden descartar por completo los errores.

Por lo tanto, el autor se siente obligado a señalar que no puede garantizar ni la responsabilidad legal ni ninguna responsabilidad por las consecuencias derivadas de una información incorrecta.

El autor agradece cualquier error y/o sugerencia o deseo.
El autor no fue encargado por ninguna editorial o empresa de software (por ejemplo, Microsoft) para escribir sobre sus productos.

Las marcas comerciales mencionadas Windows, etc., son propiedad de Microsoft Corp. y se utilizan en este libro solo en un sentido descriptivo.

Todos los derechos reservados, incluidos los de reproducción fotomecánica y almacenamiento en medios electrónicos. La creación y distribución de copias en papel, en soportes de datos o en Internet, especialmente en formato PDF, solo está permitida con el permiso expreso del autor y, en caso contrario, será perseguida.

La mayoría de los nombres de productos de hardware y software, así como los nombres de empresas y los logotipos de empresas mencionados en este trabajo, suelen ser también marcas registradas y deben considerarse como tales.

El autor sigue esencialmente la ortografía de los fabricantes en los nombres de los productos.

© 2024 - Bernd Schütt – Flensburg

El Dr. Marcus Ott, Jefe de TI de la ciudad de Flensburg, ha escrito un prólogo:

En el mundo empresarial actual, las pequeñas empresas y las nuevas empresas se enfrentan a numerosos desafíos. Los gerentes y propietarios a menudo tienen que hacer frente a muchas tareas al mismo tiempo, desde la gestión de la empresa hasta el marketing y la administración del personal. El tema de la tecnología de la información (TI) pasa fácilmente a un segundo plano. Pero en un momento en el que la TI es la columna vertebral de todas las empresas, es crucial prestar atención también a esta área. Ningún departamento, ya sea de logística, recursos humanos, finanzas o producción, funciona sin una sólida infraestructura de TI.

Este libro servirá tanto a los emprendedores de larga data como a los nuevos fundadores como un valioso compañero para diseñar de manera óptima el equipo de TI de su empresa y así crear una base estable para el éxito a largo plazo.

El autor de esta guía, Bernd Schütt, cuenta con muchos años de experiencia en el sector de las tecnologías de la información, lo que se refleja en cada página de este libro. En lugar de basarse en conceptos teóricos, se centra en consejos prácticos y directamente aplicables. Esta guía está diseñada para proporcionar a los lectores soluciones concretas que se puedan implementar de inmediato en su empresa, ya sea que esté comenzando o haya estado en el mercado durante años. Las recomendaciones se basan en métodos probados y están destinadas a ayudar a que los equipos de TI sean eficientes y estén preparados para el futuro.

¡Un libro que vale la pena leer!

Tabla de contenidos

Prefacio 3

    Establecer metas y requisitos 12

    Inventario de la infraestructura informática actual 13

    Presupuesto 13

    Selección de proveedores de software y servicios 14

    Planificación e implementación de proyectos 14

    Medidas de seguridad 14

    Pruebas y aseguramiento de la calidad 15

    Introducción y seguimiento 15

    Mejora continua 16

Microsoft Windows 16

Linux 17

Apple MacOS 17

Comparación de los sistemas operativos mencionados entre sí 19

Recomendaciones 20

Perfiles de requisitos y necesidades de formación de los empleados 21

Análisis de archivos 26

Pasos para el análisis de inventario................................... 27

    Comprobar licencias: 27

    Estructuración de datos: 27

    Análisis y evaluación: 27

    Documentación e informes: 27

    Herramientas y métodos 28

Conversión a EDP 29

Sistemas operativos 31

    Microsoft Windows 31

    Linux 32

    Apple macOS 33

Comparación de sistemas operativos: Windows vs. Linux vs. Apple (macOS) 36

Sistemas operativos Android 38

¿Qué empresas de software 46

    Proveedor de software ERP 46

    Proveedor de software CRM 48

Proveedores de software de contabilidad 51

Proveedores de infraestructura en la nube 53

Proveedores de software de seguridad 56

Herramientas de colaboración y comunicación 58

Conceptos básicos de comunicación 63

Cómo funciona la comunicación 65

Elección de sistemas operativos 70

Microsoft Windows 71

Linux 71

Apple MacOS 72

Pasos para el análisis de inventario 73

Problemas con la disponibilidad de software específico de la industria 80

Distribución de Linux 83

Obtener presupuestos: la clave para tomar la decisión de TI correcta 85

¿Por qué obtener varias cotizaciones? 86

Consejos prácticos para obtener y comparar ofertas 87

Caso de estudio: Selección exitosa de una solución de TI mediante la comparación de ofertas 89

Integridad de los datos 90

¿Qué es la seguridad de los datos? 90

¿Por qué es importante la seguridad de los datos? 90

Medidas de seguridad de los datos 91

Copia de seguridad 92

Por qué los datos no están seguros en la nube 97

Principales razones de la incertidumbre de los datos en la nube 97

Técnica de planificación de redes 100

Objetivo de la tecnología de planificación de redes 100

Elementos básicos de la tecnología de planificación de redes 100

Principales ventajas de la tecnología de planificación de redes 102

Desafíos de la tecnología de planificación de redes 102

Resultado 102

Ejemplo de una empresa: Modernización del departamento de TI 103

Resumen de gestión 107

¿Qué es un resumen de gestión? 107

Ejemplo de un resumen de gestión: 108

¿Cómo crea un responsable de la toma de decisiones un resumen de gestión? 110

Ejemplo de un resumen de gestión 112

Introducción

En el vertiginoso mundo de la tecnología, es fácil que las pequeñas empresas pierdan el rumbo. La selección correcta del hardware y software de TI es crucial no solo para mantenerse al día con la competencia, sino también para operar de manera eficiente y rentable. Pero la variedad de opciones y la complejidad de las especificaciones técnicas pueden ser abrumadoras. Aquí es donde entra en juego "Conversión eficiente de TI: Guía de equipos de TI para pequeñas empresas y startups".

Este libro está dirigido principalmente a los responsables de la toma de decisiones en pequeñas empresas que se enfrentan al reto de seleccionar las soluciones de TI adecuadas para sus necesidades específicas. No solo está destinado a brindarle la comprensión necesaria de los conceptos básicos, sino también a brindar asistencia práctica y ayudas para la toma de decisiones para tomar la mejor decisión posible. El contenido se basa en mi amplia experiencia en el sector IT y en mi trabajo como administrador de empresas.

La TI es la columna vertebral de cualquier empresa moderna. Es compatible con casi todos los aspectos de las operaciones diarias, desde la comunicación con el cliente hasta la contabilidad y la gestión de almacenes. El equipo de TI adecuado puede aumentar la productividad, reducir los costes y abrir nuevas oportunidades de negocio. Este libro le ayudará a utilizar las TI como una herramienta estratégica para hacer avanzar su negocio.

En los siguientes capítulos, exploraremos diferentes tipos de hardware y software, sopesaremos sus pros y sus contras, y mostraremos cómo comparar ofertas y elegir los mejores proveedores. También explicaremos cómo puede tomar decisiones preparadas para el futuro que se amplíen a medida que crezca su negocio.

Invertir en la TI adecuada es una inversión en el futuro de su negocio. "Efficient IT Conversion" es más que un libro: es su socio en el camino hacia una estrategia de TI informada y orientada al futuro.

Bienvenido a bordo y prepárese para tomar sus decisiones de TI con confianza y experiencia.

Dado que el desarrollo continúa progresando, la IA ha sido el tema durante algún tiempo, naturalmente dejé que la inteligencia artificial me apoyara en la creación del libro. La mayor parte del tiempo fue consumido por el control del contenido sugerido. Si he pasado por alto algo que espero que no, por favor póngase en contacto conmigo de inmediato. A continuación, entregaré el texto corregido.

Para mi traducción, también utilicé IA y el último programa de Microsoft. Una traducción humana habría encarecido mucho el precio del libro.

Te deseamos mucha diversión.
Tú
Bernd Schütt

Modernización de una empresa a través de EDP

Una orientación completa sobre cómo modernizar un negocio a través de la informática (procesamiento electrónico de datos) es especialmente importante para los responsables de la toma de decisiones que pueden tener poca experiencia en esta área. Los siguientes pasos y consideraciones proporcionan orientación detallada para comprender el proceso y ejecutarlo correctamente.

Esta guía cubre los pasos y consideraciones esenciales que un responsable de la toma de decisiones debe tener en cuenta a la hora de modernizar sus operaciones con informática. Es aconsejable contar con expertos en cada etapa para garantizar que las decisiones sean sólidas y óptimas para el negocio.

Establecer metas y requisitos
- Definir objetivos
  - Definir objetivos corporativos claros que se deben lograr a través de la modernización (por ejemplo, mayor eficiencia, reducción de costos, mejor análisis de datos).

- Especificación de requisitos
  - Analice los procesos de negocio y determine qué requisitos específicos debe cumplir la nueva solución de TI.

  - Requisitos funcionales: ¿Qué funciones debe ofrecer el software (por ejemplo, contabilidad, gestión de almacenes, CRM)?
  - Requisitos no funcionales: requisitos de seguridad, escalabilidad, facilidad de uso, etc.

Inventario de la infraestructura informática actual

- o Hardware
  - Verifique y evalúe el hardware actual (servidores, computadoras, redes).
  - Garantice la seguridad para el futuro y la compatibilidad con el nuevo software.
- o Software
  - Revise las soluciones de software y las licencias existentes.
  - Evalúe la compatibilidad y las opciones de migración.

- o Datos
  - Analizar y evaluar el stock de datos, especialmente en lo que respecta a la calidad y seguridad de los datos.

Presupuesto
- o Cálculo de costes
  - Calcule los costes de inversión (hardware, software, servicios) y los costes de funcionamiento (mantenimiento, actualizaciones).
  - Consulta posibles subvenciones y exenciones fiscales.

- o Análisis costo-beneficio
  - b. Calcule el retorno de la inversión (ROI) para evaluar los beneficios financieros de la modernización.

Selección de proveedores de software y servicios
- o Selección de software
  - Realizar estudios de mercado sobre soluciones de software adecuadas.
  - Obtener referencias y utilizar versiones de prueba para evaluar el software.
- o Selección de proveedores de servicios
  - Seleccione los proveedores de servicios para la implementación, la capacitación y el soporte.
  - Revise los contratos cuidadosamente y establezca acuerdos de nivel de servicio (SLA) claros.

Planificación e implementación de proyectos
- o Crear un plan de proyecto
  - Establezca un cronograma con hitos y responsabilidades claras.
  - Cree un plan de gestión de riesgos para identificar y resolver posibles problemas con anticipación.
- o Migración
  - Cree un plan para migrar los datos existentes a nuevos sistemas.
  - Desarrolle estrategias de copia de seguridad para evitar la pérdida de datos.
- o Formación de los empleados
  - Analizar las necesidades de capacitación y proporcionar programas de capacitación para los empleados.
  - Desarrollar procesos de onboarding para el uso de nuevos sistemas.

Medidas de seguridad
- o Integridad de los datos

- Implementar estándares y protocolos de seguridad (por ejemplo, cifrado, controles de acceso).
- Cumplir con las directrices de protección de datos de acuerdo con las leyes aplicables (por ejemplo, GDPR).
  o Estrategia de seguridad informática
  - Establecer planes de contingencia y auditorías de seguridad periódicas

Pruebas y aseguramiento de la calidad
  o Pruebas del sistema
    - Realice pruebas funcionales, pruebas de carga y pruebas de seguridad.
    - Realice pruebas de aceptación del usuario (UAT) para asegurarse de que la solución cumple con las expectativas.
  o Solución de problemas y optimización
    - Corrija los errores encontrados y optimice continuamente el sistema.

Introducción y seguimiento
  o Puesta en marcha
    - Planificación e implementación de la puesta en marcha de la nueva solución informática.
    - Supervisión continua del rendimiento y el uso del sistema.

  o Soporte y Mantenimiento
    - Configure la estructura de soporte (servicio de asistencia, técnico) para el soporte continuo.
    - Programe el mantenimiento y las actualizaciones periódicas.

Mejora continua
- Recopile comentarios de los usuarios e implemente mejoras continuamente.
- Monitoree las nuevas tecnologías y tendencias para mantener el sistema actualizado.

La elección del software para las medianas y pequeñas empresas depende de muchos factores, como el coste, los requisitos de seguridad, la facilidad de uso, los requisitos empresariales específicos y la infraestructura de TI existente. Una consideración clave a la hora de elegir un entorno de TI es el sistema operativo, siendo Microsoft y Linux las opciones más comunes.

Microsoft Windows

Ventajas:
- Facilidad de uso: Windows es conocido por su interfaz fácil de usar y es ampliamente utilizado en las empresas, lo que facilita la incorporación de nuevos empleados.

Compatibilidad: Muchas aplicaciones empresariales están diseñadas específicamente para Windows, incluida la suite de Microsoft Office y el software específico del sector.
- Soporte y soporte: Microsoft ofrece soporte completo, que incluye actualizaciones periódicas y parches de seguridad.
- Fácil integración: los servidores de Windows se integran bien con las redes corporativas existentes, lo que facilita el trabajo con otros productos de Microsoft.

Desventajas:
- Costo: Los costos de licencia para sistemas operativos y software pueden ser altos, especialmente para instalaciones más grandes.

- Riesgos de seguridad: Debido a su popularidad, Windows es un objetivo común para el malware y los ciberataques.

Linux

- Ventajas:
- Costo: Muchas distribuciones de Linux son gratuitas o de bajo costo, lo que las convierte en una opción atractiva para las empresas con un presupuesto limitado.
- Flexibilidad y adaptabilidad: Linux ofrece un alto grado de flexibilidad y puede personalizarse mucho para satisfacer las necesidades específicas de una empresa.
- Seguridad: Linux es conocido por sus sólidas características de seguridad y es menos probable que sea objeto de ciberataques.
- Estabilidad: Los servidores Linux son conocidos por su estabilidad y requieren menos reinicios en comparación con Windows.

Desventajas:
- Complejidad: La administración y el mantenimiento de sistemas Linux pueden ser más complejos y, a menudo, requieren conocimientos técnicos específicos.
- Compatibilidad de software: Es posible que algunas aplicaciones críticas para el negocio no estén disponibles para Linux o requieran herramientas de emulación como Wine.

Apple MacOS

Ventajas:
- Facilidad de uso: MacOS es conocido por su interfaz intuitiva y su fácil manejo. Esto puede reducir el tiempo de incorporación de nuevos usuarios.

- Seguridad: MacOS es relativamente seguro debido a su estructura basada en Unix. Apple integra muchas funciones de seguridad, como Gatekeeper y XProtect, que protegen contra el malware.
- Integración y ecosistema: los productos de Apple se integran a la perfección entre sí. Esto es especialmente útil para las empresas que ya han invertido en el ecosistema de Apple (por ejemplo, iPhone, iPad, Apple Watch).
- Estabilidad y rendimiento: El hardware de Apple está diseñado específicamente para macOS, lo que da como resultado un entorno de sistema estable y potente.
- Calidad del hardware: Las computadoras Apple son conocidas por su alta calidad de construcción, lo que a menudo resulta en una vida útil más larga de los dispositivos.

Desventajas:
- Costo: Los productos de Apple tienden a ser más caros que sus contrapartes de Windows o Linux, tanto en términos de hardware como de software.
- Compatibilidad de software: Aunque hay un número creciente de aplicaciones empresariales para macOS, es posible que algunas aplicaciones específicas de la industria no estén disponibles. Es posible que se requieran soluciones de virtualización o de arranque dual.
- Flexibilidad: MacOS ofrece menos opciones de personalización y configuración que Linux porque es un sistema cerrado.
- Soporte y disponibilidad de TI: En algunas regiones o empresas, puede ser difícil encontrar soporte de TI calificado para macOS, especialmente en comparación con Windows.

Comparación de los sistemas operativos mencionados entre sí

Costar:
- Windows: Altos costos de licencias, especialmente para empresas con muchos dispositivos.
- Linux: Por lo general, es gratuito, lo que lo hace atractivo para las empresas con un presupuesto limitado.
- MacOS: Altos costos de adquisición de hardware, pero sin costos de licencia adicionales para el sistema operativo.

Usabilidad:
- Windows: Muy fácil de usar, ampliamente utilizado y conocido.
- Linux: Puede tener una curva de aprendizaje más pronunciada, especialmente para los nuevos usuarios o administradores sin experiencia en Linux.
- MacOS: Muy fácil de usar e intuitivo, especialmente para aquellos que ya usan dispositivos Apple.

Seguridad:
- Windows: Buenas características de seguridad, pero un objetivo común para los ataques.
- Linux: Muy seguro y menos susceptible al malware si se configura correctamente.
- MacOS: Altamente seguro, con sólidas protecciones integradas contra malware y amenazas de seguridad.

Compatibilidad de software:
- Windows: La más amplia selección de software comercial y aplicaciones empresariales.
- Linux: Amplio soporte para software de código abierto, pero selección limitada de software comercial.

MacOS: Buena selección de software profesional y creativo, pero no todas las aplicaciones específicas de la industria están disponibles.

Recomendaciones

Costar:

Linux suele ser más rentable, especialmente cuando se implementa en varios dispositivos. Windows requiere tarifas de licencia para cada dispositivo.
Soporte de aplicaciones: Windows ofrece un soporte más amplio para el software comercial, mientras que Linux tiene un fuerte apoyo de la comunidad para el software de código abierto.

Seguridad:
Linux tiende a tener un entorno más seguro, pero Windows tiene características de seguridad sólidas cuando se configura correctamente.

Usabilidad:
Windows suele ser más fácil para los usuarios finales y los administradores de TI que están familiarizados con los productos de Microsoft.

Para las pequeñas y medianas empresas, la elección entre Microsoft y Linux puede depender en gran medida de las necesidades comerciales específicas, el presupuesto de TI y la disponibilidad de profesionales de TI. Una combinación de ambos, como los escritorios de Windows y los servidores Linux, también podría ser una solución eficaz para aprovechar ambos mundos.

Notas

1. Microsoft Windows: Ideal para empresas que dependen de una amplia gama de aplicaciones y servicios empresariales, incluido Microsoft Office y software

empresarial específico. Especialmente adecuado para empresas con un equipo grande y diverso que está acostumbrado a un entorno Windows.

2. Linux: Adecuado para empresas que valoran el control de costes y la seguridad, así como para aquellas que tienen la experiencia informática necesaria para gestionar un sistema basado en Linux. Linux también es una buena opción para servidores y sistemas backend.

3. Apple MacOS: Especialmente indicado para industrias creativas como el diseño, la producción musical o los medios de comunicación. Las empresas que ya están integradas en el ecosistema de Apple también se benefician de la integración perfecta y la alta calidad del hardware.

En la práctica, muchas empresas optan por una combinación de diferentes sistemas para aprovechar cada sistema operativo. Por ejemplo, los dispositivos macOS se pueden usar para equipos creativos, mientras que los servidores Windows o Linux se pueden usar para la infraestructura de backend.

Perfiles de requisitos y necesidades de formación de los empleados

La elección del sistema operativo en una empresa tiene un impacto directo en los perfiles de requisitos de los empleados y las necesidades de formación. Estas son las consideraciones clave para Windows, Linux y macOS:

Microsoft Windows

Básico:
Muchos trabajadores ya están familiarizados con Windows, ya que es ampliamente utilizado. Por lo tanto, a menudo se dispone de conocimientos básicos sobre el funcionamiento de los sistemas Windows.

Aplicaciones: La experiencia con Microsoft Office y otras aplicaciones empresariales comunes es beneficiosa.

Soporte de TI: el personal de TI debe tener conocimientos de administración de redes de Windows, Active Directory y servidores de Windows.

Adiestramiento:
- Costo y tiempo: La capacitación para Windows suele ser menos costosa y requiere menos tiempo, ya que muchos empleados ya tienen conocimientos previos. También hay muchos recursos y proveedores de capacitación.
- Especialización: La capacitación para aplicaciones especializadas o administración avanzada de redes y servidores puede ser más extensa, pero está fácilmente disponible.

Linux

- Conocimientos básicos: Menos empleados tienen experiencia con Linux, por lo que a menudo se requiere una comprensión básica de la línea de comandos de Linux y la administración del sistema.
- Aplicaciones: El conocimiento del software de código abierto y las aplicaciones especiales de Linux es beneficioso.
- Soporte de TI: El personal de TI debe tener un conocimiento profundo de la administración de sistemas y redes, secuencias de comandos de shell y administración de servidores.

Adiestramiento:

- Costo y tiempo: La capacitación puede ser costosa, especialmente para los empleados sin experiencia previa. La curva de aprendizaje puede ser más

pronunciada, especialmente cuando se utiliza la línea de comandos y la configuración del sistema.
- Especialización: La formación avanzada en áreas como la seguridad, la administración de servidores o las distribuciones especializadas de Linux (por ejemplo, Red Hat, Ubuntu) suele ser necesaria y puede llevar mucho tiempo.

Apple MacOS

- Habilidades básicas: Al igual que con Windows, muchos empleados tienen conocimientos básicos sobre cómo usar macOS, especialmente en las industrias creativas.
- Aplicaciones: A menudo se exigen conocimientos sobre aplicaciones específicas de Apple, como Final Cut Pro, Logic Pro o Adobe Creative Suite en MacOS.
- Soporte de TI: el personal de TI debe estar familiarizado con las herramientas específicas de macOS y cómo integrar dispositivos Apple en las redes.

Adiestramiento:

- Costo y tiempo: La capacitación puede ser moderadamente costosa. El funcionamiento de MacOS suele ser intuitivo, lo que significa que el tiempo de entrenamiento para las operaciones básicas es más corto.
- Especialización: el personal de TI puede necesitar capacitación especializada sobre cómo administrar sistemas macOS e integrarse con entornos de red mixtos.

Resumen

- Windows ofrece una barrera de entrada baja debido a su uso generalizado y, a menudo, requiere menos capacitación para aplicaciones básicas. La formación especializada para los administradores de TI está disponible y bien establecida.

- Linux tiende a requerir más capacitación, especialmente para los usuarios sin experiencia previa. Por lo general, los administradores de TI necesitan obtener conocimientos técnicos más profundos.

- MacOS es fácil de aprender para los usuarios que ya están familiarizados con los productos de Apple.

La formación tiende a centrarse en aplicaciones específicas y en la integración con los sistemas existentes.

El coste y la duración de los cursos de formación dependen en gran medida del nivel de conocimientos existente de los empleados y de los requisitos específicos de la empresa. Por lo tanto, las empresas deben evaluar las habilidades existentes de su fuerza laboral y planificar la capacitación en consecuencia.

Para los responsables de la toma de decisiones en las medianas y pequeñas empresas que tienen más preguntas sobre la selección e implementación de sistemas operativos y software, hay varios puntos de contacto:

1. Consultores de TI e integradores de sistemas
Los consultores de TI e integradores de sistemas se especializan en ayudar a las empresas a seleccionar e implementar soluciones de TI. Pueden realizar un análisis exhaustivo de las necesidades, hacer recomendaciones y acompañar el proceso de implementación.

2. Proveedores y socios de soluciones de software
Los proveedores de los respectivos sistemas operativos, como Microsoft, Red Hat (para distribuciones de Linux) o Apple, suelen ofrecer un amplio asesoramiento y soporte. Muchas de estas empresas

también tienen redes de socios a través de las cuales se pueden encontrar proveedores de servicios especializados.

3. Proveedores locales de servicios de TI
Los proveedores de servicios de TI locales pueden ser un recurso valioso, especialmente si tienen experiencia con los requisitos y desafíos específicos de la región. A menudo ofrecen servicios personalizados y pueden estar en el lugar rápidamente.

4. Online-Foren und Communities
Existen numerosos foros y comunidades en línea donde expertos y usuarios comparten experiencias. Plataformas como Stack Overflow, Reddit (por ejemplo, r/sysadmin) y foros dedicados para Linux (por ejemplo, Ubuntu Forums) o Apple (por ejemplo, MacRumors Forums) ofrecen información y soporte valiosos.

5. Conferencias y ferias tecnológicas
La participación en conferencias y ferias tecnológicas puede proporcionar valiosos contactos e información. Aquí, los responsables de la toma de decisiones pueden obtener información directa sobre las nuevas tecnologías y tendencias e intercambiar ideas con expertos.

6. Centros de formación y perfeccionamiento
Numerosos institutos ofrecen formación y certificaciones, por ejemplo, para Microsoft Certified Professionals (MCP), Red Hat Certified Engineers (RHCE) o Apple Certified Support Professionals (ACSP). Estos no solo pueden capacitar a los empleados, sino también ayudar a los tomadores de decisiones a desarrollar una comprensión más profunda de la tecnología.

7. Universidades e instituciones de investigación
Muchas universidades e instituciones de investigación ofrecen servicios de consultoría o proyectos de investigación que se adaptan específicamente a las necesidades de las empresas. Pueden ser socios valiosos, especialmente cuando se trata de tecnologías innovadoras o soluciones industriales especiales.

Los responsables de la toma de decisiones deben utilizar estos recursos para tomar decisiones informadas que tengan en cuenta las necesidades actuales y futuras de la empresa. Una planificación y un asesoramiento cuidadosos pueden ahorrar costes a largo plazo y mejorar la eficiencia y la seguridad de la infraestructura de TI.

Análisis de archivos

Un análisis de inventario del hardware y software utilizado en la empresa es un proceso importante para obtener una visión general de los recursos existentes, optimizar su uso y garantizar el cumplimiento. Estos son los pasos sobre cómo realizar un análisis de este tipo, así como las herramientas que se pueden utilizar para ello:

Pasos para el análisis de inventario

- Recogida de datos:
- Hardware: Captura todos los dispositivos de hardware presentes en la empresa. Esto incluye computadoras, portátiles, servidores, dispositivos de red, impresoras, dispositivos móviles, etc. Anote detalles como el fabricante, el modelo, el número de serie, la fecha de compra y el uso actual.
- Software: Inventario de todos los programas de software instalados. Esto incluye sistemas operativos, aplicaciones, software especial y soluciones de seguridad. Cree una lista con el nombre, la versión, la fecha de instalación y el número de licencias.

Comprobar licencias:
- Capture todas las claves de licencia y contratos para garantizar que todo el software se utilice legalmente. Compruebe que el número de licencias coincida con el número de instalaciones.

Estructuración de datos:
- Organice los datos recopilados de forma estructurada para obtener una visión general clara. Esto se puede hacer en una tabla que contiene diferentes categorías y columnas.

Análisis y evaluación:
- Compruebe si hay algún hardware y software obsoleto o sin usar que pueda reemplazarse o eliminarse. Evalúe la necesidad de actualizaciones o mejoras y, si es necesario, planifique el presupuesto y el tiempo para ellas.

Documentación e informes:
- Cree un informe que muestre el inventario actual, cualquier escasez o exceso de capacidad, y recomendaciones para futuras compras o actualizaciones.

Herramientas y métodos

- Hojas de cálculo de Excel:
- Un método sencillo es utilizar hojas de cálculo de Excel. Cree hojas separadas para hardware y software para capturar y analizar toda la información relevante.

- Software Especializado:
- Existen herramientas de software de gestión de activos de TI especializadas que pueden automatizar el proceso de inventario y gestión. Ejemplos de esto son:

Lansweeper: Proporciona un inventario detallado de hardware y software, incluida la gestión de licencias.

ManageEngine AssetExplorer: Ayuda a administrar activos de TI, licencias y contratos.

Microsoft System Center Configuration Manager (SCCM): proporciona amplias capacidades para administrar activos de hardware y software en grandes empresas.

- Escáner de red:

- Herramientas como Nmap o Advanced IP Scanner se pueden utilizar para buscar dispositivos en la red y recopilar información básica.

Resultado
La elección de la herramienta depende del tamaño de la empresa, el presupuesto y la complejidad de la infraestructura de TI. Para las empresas más pequeñas, una hoja de cálculo de Excel bien organizada puede ser suficiente, mientras que las organizaciones más grandes pueden beneficiarse de soluciones de software especializadas. Es importante realizar análisis de inventario periódicos para garantizar

que la infraestructura de TI se utilice de manera óptima y cumpla con todos los requisitos legales.

Conversión a EDP

La conversión de una empresa al procesamiento electrónico de datos (EDP) requiere una planificación y preparación cuidadosas. Estas son algunas cosas importantes que debe tener en cuenta:

- Análisis de herencias
  Necesidades empresariales: Identifique las necesidades específicas de su empresa, como qué soluciones de software se necesitan para la contabilidad, la gestión de clientes o la gestión de almacenes.
    - Requisitos de hardware: determine los requisitos necesarios para equipos, servidores, dispositivos de red y otro hardware.

- Selección de software
    - Software de aplicación: Elija el software adecuado para diferentes procesos empresariales (por ejemplo, sistemas ERP, software CRM, software de contabilidad).
    - Sistemas operativos: decida los sistemas operativos adecuados en función de los requisitos de sus aplicaciones y hardware.

- Infraestructura de red y TI
    - Configuración de red: planifique la red, incluida la conexión a Internet, el enrutador, los conmutadores y el firewall.

- Seguridad de los datos: Implemente soluciones de seguridad como firewalls, software antivirus y cifrado de datos.

- Protección de datos y seguridad informática
  - Leyes de protección de datos: Asegúrese de que los sistemas informáticos cumplen con la normativa de protección de datos aplicable.
  - Control de acceso: Implemente medidas para controlar el acceso a datos confidenciales.

- Migración
  - Transferencia de datos: Planifique la migración de los datos existentes a nuevos sistemas. Esto puede incluir la limpieza, la conversión y la importación de datos.
  - Copia de seguridad de datos: Cree copias de seguridad de los datos para evitar pérdidas.

- Capacitación y apoyo
  - Capacitación de empleados: Capacite a sus empleados en el uso de los nuevos sistemas y software.
  - Soporte técnico: Configure un servicio de soporte para resolver problemas técnicos rápidamente.

- Costar
  - Costos de inversión: Calcule el costo del hardware, software, capacitación e instalación.

- Gestión de proyectos
  - Costos operativos: considere los costos continuos de mantenimiento, actualizaciones y soporte.
  - Planificación del proyecto: Preparar un plan detallado para la implementación de los sistemas informáticos, incluyendo el calendario y las responsabilidades.
  - Gestión de riesgos: Identificar riesgos potenciales y desarrollar estrategias para gestionarlos.

Pasar a la computadora puede aumentar significativamente la eficiencia y la productividad de una empresa, pero requiere una planificación e implementación reflexivas para que la transición sea fluida.

Sistemas operativos

La elección del software para las medianas y pequeñas empresas depende de muchos factores, como el coste, los requisitos de seguridad, la facilidad de uso, los requisitos empresariales específicos y la infraestructura de TI existente. Una consideración clave a la hora de elegir un entorno de TI es el sistema operativo, siendo Microsoft y Linux las opciones más comunes.

Microsoft Windows
Ventajas:

1. Facilidad de uso: Windows es conocido por su interfaz fácil de usar y es ampliamente utilizado en las empresas, lo que facilita la incorporación de nuevos empleados.
2. Compatibilidad: Muchas aplicaciones empresariales están diseñadas específicamente para Windows, incluida la suite de Microsoft Office y el software específico del sector.
3. Soporte y soporte: Microsoft ofrece soporte completo, que incluye actualizaciones periódicas y parches de seguridad.
4. Fácil integración: los servidores de Windows se integran bien con las redes corporativas existentes, lo que facilita el trabajo con otros productos de Microsoft.

Desventajas:
1. Costo: Los costos de licencia para sistemas operativos y software pueden ser altos, especialmente para instalaciones más grandes.
2. Riesgos de seguridad: Debido a su popularidad, Windows es un objetivo común para el malware y los ciberataques.

Linux
Ventajas:
1. Costo: Muchas distribuciones de Linux son gratuitas o de bajo costo, lo que las convierte en una opción atractiva para las empresas con un presupuesto limitado.
2. Flexibilidad y adaptabilidad: Linux ofrece un alto grado de flexibilidad y puede personalizarse mucho para satisfacer las necesidades específicas de una empresa.
3. Seguridad: Linux es conocido por sus sólidas características de seguridad y es menos probable que sea objeto de ciberataques.
4. Estabilidad: Los servidores Linux son conocidos por su estabilidad y requieren menos reinicios en comparación con Windows.

Desventajas:
1. Complejidad: La administración y el mantenimiento de sistemas Linux pueden ser más complejos y, a menudo, requieren conocimientos técnicos específicos.

2. Compatibilidad de software: Es posible que algunas aplicaciones críticas para el negocio no estén disponibles para Linux o requieran herramientas de emulación como Wine.

Comparación y recomendaciones
- Costo: Linux suele ser más rentable, especialmente cuando se implementa en varios dispositivos. Windows requiere tarifas de licencia para cada dispositivo.
- Soporte de aplicaciones: Windows ofrece un soporte más amplio para el software comercial, mientras que Linux tiene un fuerte apoyo de la comunidad para el software de código abierto.
- Seguridad: Linux tiende a tener un entorno más seguro, pero Windows tiene sólidas características de seguridad cuando se configura correctamente.
- Facilidad de uso: Windows suele ser más fácil para los usuarios finales y los administradores de TI que están familiarizados con los productos de Microsoft.

Para las pequeñas y medianas empresas, la elección entre Microsoft y Linux puede depender en gran medida de las necesidades comerciales específicas, el presupuesto de TI y la disponibilidad de profesionales de TI. Una combinación de ambos, como los escritorios de Windows y los servidores Linux, también podría ser una solución eficaz para aprovechar ambos mundos.

Apple macOS
Ventajas:
1. Facilidad de uso: macOS es conocido por su interfaz intuitiva y su fácil manejo. Esto puede reducir el tiempo de incorporación de nuevos usuarios.

2. Seguridad: macOS es relativamente seguro debido a su estructura basada en Unix. Apple integra muchas funciones de seguridad, como Gatekeeper y XProtect, que protegen contra el malware.

3. Integración y ecosistema: los productos de Apple se integran a la perfección entre sí. Esto es especialmente útil para las empresas que ya han invertido en el ecosistema de Apple (por ejemplo, iPhone, iPad, Apple Watch).

4. Estabilidad y rendimiento: El hardware de Apple está diseñado específicamente para macOS, lo que da como resultado un entorno de sistema estable y potente.

5. Calidad del hardware: Las computadoras Apple son conocidas por su alta calidad de construcción, lo que a menudo conduce a una vida útil más larga de los dispositivos.

Desventajas:

1. Costo: Los productos de Apple tienden a ser más caros que sus contrapartes de Windows o Linux, tanto en términos de hardware como de software.

2. Compatibilidad de software: Aunque hay un número creciente de aplicaciones empresariales para macOS, es posible que algunas aplicaciones específicas de la industria no estén disponibles. Es posible que se requieran soluciones de virtualización o de arranque dual.

Flexibilidad:
macOS ofrece menos opciones de personalización y configuración que Linux porque es un sistema cerrado.

Soporte y disponibilidad de TI: En algunas regiones o empresas, puede ser difícil encontrar soporte de TI calificado para macOS, especialmente en comparación con Windows.

Sistemas operativos Apple (otros)
1. macOS (aktuellste Version z.B. macOS Ventura)
    o Aplicación: General, Uso Profesional
    o Recomendación: Compatible con ordenadores Apple (Mac) y ofrece una interfaz fácil de usar y una estrecha

integración con otros servicios de Apple. Es ideal para profesionales creativos (como diseñadores gráficos, editores de vídeo) y usuarios que buscan una plataforma estable y segura.

2. iOS (última versión, por ejemplo, iOS 16)
   o   Aplicación: Dispositivos móviles (iPhone, iPad)
   o   Recomendación: Para dispositivos móviles Apple, conocidos por su facilidad de uso y seguridad. Ideal para el uso diario en teléfonos inteligentes y tabletas.

3. iPadOS (versión actual)
   o   Aplicación: Sistema operativo optimizado para iPad
   o   Recomendación: Para usuarios de iPad que desean funcionalidades avanzadas, como multitarea y aplicaciones especialmente adaptadas para pantallas más grandes. Es ideal para tareas creativas y profesionales, así como para el sector educativo.

4. watchOS (última versión)
   o   Aplicación: Apple Watch
   o   Recomendación: Para el Apple Watch, ofrece funciones de salud y estado físico, así como notificaciones y otras funciones útiles directamente en su muñeca.

5. tvOS (versión actual)
   o   Aplicación: Apple TV
   o   Recomendación: Para dispositivos Apple TV, optimizado para streaming, juegos e integración de hogar inteligente. Proporciona acceso a una amplia gama de aplicaciones y contenidos.

Cada uno de estos sistemas operativos y distribuciones está optimizado para dispositivos y casos de uso específicos. Los sistemas operativos de Microsoft cubren una amplia gama de aplicaciones, desde aplicaciones personales hasta aplicaciones profesionales y específicas de la empresa. Apple también ofrece sistemas operativos especializados que están estrechamente integrados con su hardware y ecosistema y son especialmente adecuados para el trabajo creativo, la educación y el uso móvil.

Comparación de sistemas operativos: Windows vs. Linux vs. Apple (macOS)

- Costar:
  - Windows: Altos costos de licencias, especialmente para empresas con muchos dispositivos.
  - Linux: Por lo general, es gratuito, lo que lo hace atractivo para las empresas con un presupuesto limitado.
  - macOS: Altos costos iniciales de hardware, pero sin costos adicionales de licencias del sistema operativo.

- Usabilidad:
  - Windows: Muy fácil de usar, ampliamente utilizado y conocido.
  - Linux: Puede tener una curva de aprendizaje más pronunciada, especialmente para los nuevos usuarios o administradores sin experiencia en Linux.
  - macOS: Muy fácil de usar e intuitivo, especialmente para aquellos que ya usan dispositivos Apple.

- Seguridad:
  - Windows: Buenas características de seguridad, pero un objetivo común para los ataques.
  - Linux: Muy seguro y menos susceptible al malware si se configura correctamente.

- macOS: Altamente seguro, con sólidas protecciones integradas contra malware y amenazas de seguridad.

- Compatibilidad de software:
  - Windows: La mayor selección de software comercial y aplicaciones empresariales.
  - Linux: Amplio soporte para software de código abierto, pero selección limitada de software comercial.
  - macOS: Buena selección de software profesional y creativo, pero no todas las aplicaciones específicas del sector están disponibles.

Recomendaciones para las empresas

1. Microsoft Windows: Ideal para empresas que dependen de una amplia gama de aplicaciones y servicios empresariales, incluido Microsoft Office y software empresarial específico. Especialmente adecuado para empresas con un equipo grande y diverso que está acostumbrado a un entorno Windows.

2. Linux: Adecuado para empresas que valoran el control de costes y la seguridad, así como para aquellas que tienen la experiencia informática necesaria para gestionar un sistema basado en Linux. Linux también es una buena opción para servidores y sistemas backend.

3. Apple macOS: Especialmente indicado para industrias creativas como el diseño, la producción musical o los medios de comunicación. Las empresas que ya están integradas en el ecosistema de Apple también se benefician de la integración perfecta y la alta calidad del hardware.

En la práctica, muchas empresas optan por una combinación de diferentes sistemas para aprovechar cada sistema operativo. Por ejemplo, los dispositivos macOS se pueden usar para equipos creativos, mientras que los servidores Windows o Linux se pueden usar para la infraestructura de backend.

Sistemas operativos Android

La variante de Android

Android es un sistema operativo ampliamente utilizado para dispositivos móviles desarrollado por Google. Existen diferentes variantes y versiones, cada una de las cuales está optimizada para áreas específicas de aplicación y tipos de dispositivos. Estas son algunas de las principales distribuciones y versiones de Android, así como sus usos típicos:

Variantes y distribuciones de Android
1. Stock Android
    o Alcance: General, dispositivos Google Pixel
    o Recomendación: Stock Android, también conocido como "Vanilla Android", es la versión pura y sin modificar del sistema operativo proporcionado por Google. Ofrece una interfaz de usuario limpia sin personalizaciones adicionales por parte de los fabricantes de dispositivos y se utiliza a menudo en dispositivos Google Pixel. Es ideal para usuarios que buscan una experiencia de actualización rápida, pura y, a menudo, temprana.

2. Android Uno
    o Aplicación: Smartphones económicos, países en desarrollo
    o Recomendación: Android One es una versión optimizada de Android que se utiliza en dispositivos asequibles. Ofrece una experiencia de usuario cercana a Stock Android, con actualizaciones de seguridad garantizadas y actualizaciones del sistema operativo durante al menos dos años. Es ideal para

usuarios que buscan un dispositivo sencillo, seguro y asequible.

3. Android Go
   o Ámbito de aplicación: Equipos de gama baja, países en desarrollo
   o Recomendación: Android Go es una versión reducida de Android diseñada para teléfonos inteligentes con bajo rendimiento de hardware (menos RAM y almacenamiento). Incluye aplicaciones optimizadas y una Google Play Store personalizada para permitir un uso fluido incluso en dispositivos de baja potencia. Es especialmente adecuado para teléfonos inteligentes de bajo costo.

4. ROMs personalizadas (z.B. LineageOS)
   o Alcance: Usuarios avanzados, Desarrolladores
   o Recomendación: Las ROM personalizadas son versiones modificadas de Android desarrolladas por la comunidad. LineageOS es una de las ROM personalizadas más conocidas y ofrece opciones y funciones de personalización adicionales. Estas distribuciones son para usuarios avanzados que desean tener más control sobre su dispositivo o para dispositivos más antiguos que ya no reciben actualizaciones oficiales.

Versiones especializadas de Android
1. Android TV
   o Aplicación: Smart TV, decodificadores
   o Recomendación: Android TV es una versión adaptada de Android para su uso en televisores y decodificadores. Ofrece una interfaz fácil de usar que está optimizada para pantallas grandes y controles remotos. Ideal para la transmisión de medios, juegos e integración de hogares inteligentes.

2. Wear OS (früher Android Wear)
   o   Aplicación: Relojes inteligentes
   o   Recomendación: Wear OS es una versión de Android para relojes inteligentes. Ofrece funciones como notificaciones, seguimiento de la actividad física y control por voz a través del Asistente de Google. Adecuado para usuarios que buscan una experiencia de reloj inteligente mejorada.

3. Android Automoción
   o   Aplicación: Sistemas de infoentretenimiento en automóviles
   o   Recomendación: Android Automotive es una plataforma independiente que se instala directamente en el vehículo y no depende de un teléfono inteligente. Ofrece funciones como navegación, control de medios y asistencia por voz, optimizadas para su uso en el automóvil.

4. Sistema operativo Fire
   o   Aplicación: Dispositivos Amazon (Fire Tablets, Fire TV)
   o   Recomendación: Fire OS es una versión personalizada de Amazon de Android que se utiliza en sus dispositivos, como las tabletas Fire y Fire TV. Está altamente integrado con el ecosistema de Amazon y proporciona acceso a los servicios y contenidos de Amazon.

Cada una de estas diferentes variantes y versiones de Android ofrece ventajas específicas, en función de los requisitos y el tipo de dispositivo. Desde experiencias puramente Android hasta versiones especializadas para televisores inteligentes y automóviles, Android ofrece una amplia gama de opciones para diferentes aplicaciones.

Es bastante concebible que Android pueda desempeñar un papel más importante en las redes corporativas en el futuro, pero actualmente esto sigue siendo limitado y se centra principalmente en aplicaciones y dispositivos especializados. He aquí algunos aspectos y desarrollos que podrían contribuir a ello:

1. Empresa Android
   - Android Enterprise es un programa de Google que ayuda a las empresas a integrar dispositivos Android en su infraestructura de TI. Ofrece funciones como cuentas administradas de Google Play, listas blancas de aplicaciones, configuración de dispositivos y políticas de seguridad. Estas características son especialmente útiles para las empresas que tienen una fuerza de trabajo móvil y necesitan administrar sus dispositivos.

2. Equipo especializado
   - Dispositivos industriales e IoT: Ya existen dispositivos Android especializados que se utilizan en entornos industriales o en el Internet de las Cosas (IoT). Estos dispositivos se pueden utilizar, por ejemplo, para controlar máquinas, recopilar datos o gestionar redes.
   - Quioscos digitales y puntos de venta: Los sistemas basados en Android se utilizan a menudo en quioscos públicos, terminales de autoservicio y puntos de venta porque son económicos y fáciles de personalizar.

3. Aplicaciones de escritorio y servidor
   - Emuladores de Android y entornos de escritorio: Proyectos como Android-x86 o Remix OS permiten ejecutar Android en PCs o portátiles tradicionales. Estos podrían usarse para aplicaciones de escritorio en ciertos escenarios, como los empleados que usan principalmente aplicaciones móviles.
   - Android en servidores: Hay proyectos que intentan utilizar Android como sistema operativo de servidor, por ejemplo para aplicaciones específicas o entornos de desarrollo. Sin embargo, esto es más

un nicho, ya que Android no está tradicionalmente optimizado para entornos de servidor.

4. Aspectos administrativos y de seguridad
- Las empresas dan gran importancia a la seguridad y la gestión. Si bien Android Enterprise ofrece muchas características de administración y seguridad, Android podría enfrentar desafíos en el entorno empresarial, como versiones fragmentadas del sistema operativo, personalizaciones de diferentes proveedores y posibles vulnerabilidades de seguridad.

5. Competencia y posición en el mercado
- Actualmente, Windows y Linux dominan el sector empresarial, especialmente para aplicaciones de escritorio y servidor. Hasta ahora, Android se ha establecido principalmente en el sector móvil.

Sin embargo, Android podría establecerse en nichos específicos, especialmente con el desarrollo posterior de Android Enterprise y hardware especializado.

Inferencia

Si bien es muy posible que Android pueda desempeñar un papel más importante en las redes corporativas en el futuro, actualmente esto todavía se limita a ciertos nichos y aplicaciones especializadas. La flexibilidad, el ecosistema abierto y la disponibilidad de aplicaciones son ventajas que podrían hacer que Android sea atractivo para las empresas. Sin embargo, las empresas también deben tener en cuenta los aspectos de seguridad y gestión. En un futuro próximo, es probable que Android sea relevante principalmente como complemento de los sistemas existentes y para casos de uso especiales en las empresas.

Ya existe una variedad de software de la industria que se ejecuta en Android. Estas aplicaciones a menudo están diseñadas específicamente para dispositivos móviles y son ampliamente utilizadas en diversas industrias. Estos son algunos ejemplos:

1. Cuidado de la salud
   - Historias clínicas electrónicas (EHR): Existen aplicaciones para Android que permiten a los médicos y enfermeras gestionar y ver los datos de los pacientes sobre la marcha, como Cerner PowerChart, Epic Canto y Allscripts.
   - Telemedicina: Aplicaciones como Amwell y Teladoc ofrecen servicios de telemedicina que permiten a los pacientes comunicarse con los médicos a través de su dispositivo Android.

2. Venta al por menor
   - Sistemas de punto de venta (POS): Muchas empresas minoristas utilizan sistemas de POS basados en Android, como Square, Shopify POS y Clover para administrar las ventas y procesar pagos.
   - Gestión de inventario: aplicaciones como Lightspeed y Vend ayudan a gestionar los niveles de inventario y los pedidos.

3. Construcción y Bienes Raíces
   - Gestión de proyectos: Software como Procore y PlanGrid permite a las empresas de construcción gestionar planes, realizar un seguimiento de los proyectos y generar informes del sitio.
   - Gestión de propiedades: Aplicaciones como Buildium y AppFolio ayudan a los administradores de propiedades a gestionar las propiedades de alquiler y a comunicarse con los inquilinos.

4. Transporte y logística

- Seguimiento de vehículos: Aplicaciones como Geotab y Fleet Complete ofrecen gestión de flotas y seguimiento de vehículos para empresas que brindan servicios de entrega o transporte.
- Gestión de entregas: Plataformas como Uber Freight y Convoy ayudan a las empresas de logística y a los conductores a planificar y realizar un seguimiento de las entregas.

5. Gastronomía
- Sistemas de reservas: Aplicaciones como OpenTable y Resy permiten a los restaurantes gestionar las reservas y optimizar la asignación de asientos.
- Servicios de entrega: Muchos restaurantes utilizan plataformas como Uber Eats y Grubhub para gestionar las entregas de comida.

6. Finanzas y contabilidad
- Software de contabilidad: Aplicaciones como QuickBooks y Xero ofrecen funciones de contabilidad y gestión financiera que permiten a las empresas gestionar sus finanzas sobre la marcha.
- Banca y procesamiento de pagos: Muchos bancos ofrecen aplicaciones Android para la banca en línea, mientras que los servicios de pago como PayPal y Stripe están disponibles en aplicaciones móviles.

7. Educación
- Sistemas de gestión del aprendizaje (LMS): Plataformas como Moodle y Canvas ofrecen aplicaciones móviles que permiten a los estudiantes y profesores acceder a los materiales del curso y gestionar los cursos.
- Aulas virtuales: Aplicaciones como Google Classroom y Zoom se utilizan ampliamente en las instituciones educativas para apoyar el aprendizaje en línea.

Estos ejemplos muestran que Android ya está establecido como una plataforma para el software de la industria en varios sectores. La flexibilidad y el uso generalizado de los dispositivos Android lo convierten en una opción atractiva para las empresas que buscan soluciones móviles.

¿Qué empresas de software

Proveedor de software ERP

Los proveedores de software de planificación de recursos empresariales (ERP) son empresas que desarrollan soluciones de software que integran y automatizan diversos procesos empresariales en una empresa. Estos sistemas ayudan a gestionar los datos de diferentes departamentos, como finanzas, recursos humanos, compras, producción y ventas en un sistema centralizado.

¿Qué es el software ERP?

El software ERP es un sistema integral que ayuda a las empresas a diseñar y controlar sus procesos comerciales de manera más eficiente. Permite la integración y gestión de los procesos de negocio en una base de datos común, lo que mejora la cooperación entre departamentos y apoya la toma de decisiones.

Proveedores de software ERP de renombre
Estos son algunos de los principales proveedores de software ERP:

1. SAVIA
   - Descripción: SAP es uno de los proveedores de software ERP más grandes y conocidos del mundo. Sus soluciones ofrecen funcionalidades integrales para todas las áreas de la empresa y están especialmente extendidas en las grandes empresas.
   - Productos: SAP S/4HANA, SAP Business One

2. Oráculo

- Descripción: Oracle ofrece soluciones ERP que dependen en gran medida de las tecnologías de bases de datos y nube. El software es conocido por su escalabilidad y es ampliamente utilizado en grandes empresas.
- Productos: Oracle ERP Cloud, NetSuite

3. Microsoft Dynamics
    - Descripción: Microsoft Dynamics es conocido por su interfaz fácil de usar y su integración perfecta con otros productos de Microsoft, como Office 365. Ofrece soluciones para pequeñas y medianas empresas, así como para grandes corporaciones.
    - Producto: Microsoft Dynamics 365

4. Información
    - Descripción: Infor ofrece soluciones ERP específicas para la industria y es conocida por su estrategia de nube primero. Su software es particularmente común en las industrias manufactureras y de servicios.
    - Productos: Infor CloudSuite, Infor LN

5. Día laborable
    - Descripción: Workday está especializada en soluciones ERP para la gestión financiera y de recursos humanos. Es especialmente conocido por su plataforma basada en la nube fácil de usar.
    - Producto: Workday Human Capital Management (HCM), Workday Financial Management

6. Epicor

- o Descripción: Epicor ofrece soluciones ERP diseñadas específicamente para satisfacer las necesidades de fabricantes, distribuidores y proveedores de servicios. La empresa concede gran importancia a la flexibilidad y escalabilidad de sus soluciones.
- o Productos: Epicor ERP

7. Salvia
  - o Descripción: Sage ofrece software ERP para pequeñas y medianas empresas, centrándose en la facilidad de uso y la facilidad de implementación.
  - o Productos: Sage X3, Sage 300

Estos proveedores ofrecen soluciones ERP que se pueden personalizar de acuerdo con el tamaño de la empresa, la industria y los requisitos específicos. Ayudan a las empresas a optimizar sus procesos comerciales, reducir costos y aumentar la eficiencia.

Proveedor de software CRM
Los proveedores de software de gestión de relaciones con los clientes (CRM) son empresas que desarrollan soluciones de software que ayudan a las empresas a gestionar y optimizar sus relaciones con los clientes. El software CRM ayuda a organizar y analizar la información de los clientes, mejora la comunicación con los clientes y respalda los procesos de ventas y marketing.
¿Era ist CRM-Software?

El software CRM es una herramienta que ayuda a las empresas a gestionar y analizar las interacciones con los clientes. Incluye funciones para administrar contactos con clientes, realizar un seguimiento de oportunidades, automatizar campañas de marketing y brindar atención al cliente. El objetivo es aumentar la satisfacción del cliente, fortalecer la lealtad del cliente y, en última instancia, aumentar las ventas.

Proveedores de software CRM conocidos
Estos son algunos de los principales proveedores de software CRM:

1. Fuerza comercial
    o Descripción: Salesforce es uno de los principales proveedores de CRM del mundo. La plataforma es conocida por sus amplias opciones de personalización y su solución basada en la nube que cubre todos los aspectos de la gestión de clientes.
    o Producto: Salesforce Sales Cloud, Salesforce Service Cloud, Salesforce Marketing Cloud

2. Microsoft Dynamics 365
    o Descripción: Microsoft Dynamics 365 ofrece una solución integrada que combina funciones de CRM y ERP. Es particularmente conocido por su integración con otros productos de Microsoft y es adecuado para empresas de todos los tamaños.
    o Producto: Dynamics 365 Sales, Dynamics 365 Customer Service, Dynamics 365 Marketing

3. HubSpot
    o Descripción: HubSpot es conocido por su interfaz fácil de usar y ofrece una versión gratuita de CRM. Es especialmente popular entre las pequeñas y medianas empresas, así como entre las empresas de nueva creación.
    o Producto: HubSpot CRM, HubSpot Sales, HubSpot Marketing Hub

4. Zoho CRM
    o Descripción: Zoho CRM ofrece una solución integral de CRM que se puede personalizar fácilmente para satisfacer diversas necesidades

comerciales. Es conocido por sus precios asequibles y su amplia gama de funciones.
- Productos: Zoho CRM, Zoho Desk, Zoho Marketing Automation

5. Experiencia del cliente de SAP (SAP C/4HANA)
- Descripción: SAP ofrece una suite de CRM que proporciona capacidades integrales de gestión de clientes, desde la adquisición hasta la retención. Es particularmente popular entre las grandes empresas.
- Producto: SAP Sales Cloud, SAP Service Cloud, SAP Marketing Cloud

6. Nube de Oracle CX
- Descripción: Oracle CX Cloud ofrece un conjunto de herramientas de CRM diseñadas para mejorar la experiencia del cliente. Integra las funciones de ventas, servicio y marketing en una sola plataforma.
- Productos: Oracle Sales Cloud, Oracle Service Cloud, Oracle Marketing Cloud

7. Pipedrive
- Descripción: Pipedrive es un software CRM fácil de usar que se centra en la optimización del proceso de ventas. Es especialmente adecuado para pequeñas y medianas empresas que desean hacer más eficientes sus actividades de venta.
- Productos: Pipedrive CRM

8. SugarCRM (en inglés)
- Descripción: SugarCRM ofrece una solución CRM flexible y personalizable que ayuda a las empresas a mejorar sus procesos de ventas y marketing. Es especialmente fuerte en adaptabilidad e integración con otros sistemas.
- Fabricante: Venta de azúcar, Servicio de azúcar, Mercado del azúcar

Estos proveedores ofrecen soluciones que se adaptan a las necesidades de diferentes industrias y tamaños de empresas. Ayudan a las empresas a mantener las relaciones con los clientes, aumentar el rendimiento de las ventas y mejorar la eficiencia de sus estrategias de marketing.

Proveedores de software de contabilidad

Los proveedores de software de contabilidad son empresas que desarrollan soluciones de software diseñadas específicamente para gestionar y organizar las actividades financieras de una empresa. Este software ayuda a las empresas a realizar un seguimiento de sus finanzas, automatizar reservas, generar informes y cumplir con los requisitos fiscales.

¿Qué es el software de contabilidad?
El software de contabilidad es una herramienta que ayuda a las empresas a gestionar sus transacciones financieras. Sus principales funciones incluyen la gestión de ingresos y gastos, la contabilización de transacciones comerciales, la facturación, el seguimiento de pagos y cuentas por pagar, y la preparación de informes financieros como balances y estados de resultados.

Proveedores de software de contabilidad de renombre

Estos son algunos de los principales proveedores de software de contabilidad:

1. QuickBooks (Intuit)
    o   Descripción: QuickBooks es una de las soluciones de software de contabilidad más conocidas dirigidas a pequeñas y medianas empresas. Ofrece una amplia gama de funciones, como facturación, seguimiento de gastos e informes financieros.
    o   Producto: QuickBooks Online, QuickBooks Desktop, QuickBooks Autónomo

2. Leyenda
   o Descripción: Sage ofrece una gama de soluciones de software de contabilidad dirigidas a empresas de diferentes tamaños. El software es conocido por su facilidad de uso y sus completas funciones.
   o Producto: Sage 50cloud, Sage Business Cloud Accounting, Sage Intacct

3. Xero
   o Descripción: Xero es un software de contabilidad basado en la nube que destaca por su facilidad de uso y la capacidad de integrarse con una amplia gama de otras aplicaciones empresariales. Está dirigido principalmente a las pequeñas y medianas empresas.
   o Productos: Xero

4. Libros frescos
   o Descripción: FreshBooks es especialmente popular entre los autónomos y las pequeñas empresas. El software tiene un fuerte enfoque en la facturación y el seguimiento del tiempo, pero también ofrece funciones básicas de contabilidad.
   o Productos: FreshBooks

5. Ola
   o Descripción: Wave ofrece un software de contabilidad gratuito que es adecuado para pequeñas empresas y autónomos. Además de la contabilidad, Wave también ofrece soluciones integradas para la facturación y la nómina.
   o Productos: Contabilidad de Ondas

6. Libros de Zoho
   o Descripción: Como parte de Zoho Suite, Zoho Books ofrece un software de contabilidad integral adecuado para pequeñas y medianas empresas. Incluye funciones de facturación, teneduría de libros e informes.

- Productos: Zoho Books

7. Soluciones de Tally
    - Descripción: Particularmente conocido en Asia, Tally ERP ofrece soluciones integrales de contabilidad y gestión empresarial. El software está fuertemente orientado a las necesidades de las empresas en países en desarrollo y emergentes.
    - Productos: Tally.ERP 9

8. NetSuite (Oracle)
    - Descripción: NetSuite es una solución ERP integral basada en la nube con sólidas capacidades de contabilidad. Es especialmente adecuado para empresas más grandes que necesitan una solución totalmente integrada para la gestión financiera, la contabilidad y más.
    - Productos: NetSuite ERP

Estos proveedores ofrecen una amplia gama de funciones adaptadas a las diferentes necesidades de las empresas. Desde sencillas funciones de facturación y seguimiento de gastos hasta complejos informes financieros y administración de impuestos, estas soluciones proporcionan todo lo que las empresas necesitan para gestionar sus finanzas de forma eficiente.

Proveedores de infraestructura en la nube

Los proveedores de infraestructura en la nube son empresas que proporcionan recursos y servicios de TI a través de Internet. Estos recursos incluyen potencia informática, almacenamiento, redes y bases de datos que las empresas pueden utilizar sin tener que invertir en su propio hardware físico. Este enfoque a menudo se denomina infraestructura como servicio (IaaS).

¿Qué es la infraestructura en la nube?

La infraestructura en la nube se refiere a los recursos físicos y virtuales necesarios para proporcionar servicios de computación en la nube. Estos recursos son administrados por proveedores de nube y se pueden acceder a ellos a través de Internet. De este modo, las empresas pueden acceder a la potencia de cálculo, al espacio de almacenamiento y a las capacidades de red de forma flexible y escalable, en función de sus necesidades.

Proveedores de infraestructura en la nube conocidos

Estos son algunos de los principales proveedores de servicios de infraestructura en la nube:

1. Amazon Web Services (AWS)
   o Descripción: AWS es el mayor proveedor de servicios de infraestructura en la nube del mundo. Ofrece una amplia gama de servicios, como potencia informática (EC2), almacenamiento (S3), bases de datos (RDS), aprendizaje automático, etc. AWS es conocido por su flexibilidad y escalabilidad.
   o Productividad: Amazon EC2, Amazon S3, Amazon RDS, AWS Lambda

2. Microsoft Azure
   o Descripción: Microsoft Azure es una plataforma integral en la nube que ofrece una variedad de servicios, incluidas máquinas virtuales, alojamiento de aplicaciones, bases de datos y servicios de inteligencia artificial. Azure se integra a la perfección con otros productos de Microsoft, lo que lo hace ideal para las empresas que ya utilizan tecnologías de Microsoft.
   o Produkte: Azure Virtual Machines, Azure Blob Storage, Azure SQL Database, Azure AI

3. Plataforma de Google Cloud (GCP)

- Descripción: GCP proporciona una infraestructura sólida para la computación, el almacenamiento y el análisis de datos. Es conocida por sus servicios avanzados de datos y aprendizaje automático. Google Cloud es una buena opción para las empresas que se centran en el análisis de datos y el big data.
- Productos: Google Compute Engine, Google Cloud Storage, BigQuery, Google Kubernetes Engine

4. IBM Cloud
    - Descripción: IBM Cloud ofrece una combinación de IaaS, plataforma como servicio (PaaS) y software como servicio (SaaS). IBM es particularmente fuerte en las áreas de IA y aprendizaje automático, así como en soluciones para empresas que tienen requisitos específicos de la industria.
    - Productos: IBM Cloud Bare Metal Servers, IBM Cloud Object Storage, IBM Watson

5. Infraestructura en la nube de Oracle (OCI)
    - Descripción: Oracle proporciona una plataforma de infraestructura basada en la nube que se centra en aplicaciones empresariales y servicios de base de datos. OCI es conocido por su potente potencia informática y sus funciones de seguridad.
    - Producto: Oracle Compute, Oracle Object Storage, Oracle Autonomous Database

6. Nube de Alibaba
    - Descripción: Alibaba Cloud es el proveedor líder de la nube en China y ofrece una amplia gama de servicios en la nube, similares a AWS y Azure. Es particularmente interesante para las empresas que operan en los mercados asiáticos.
    - Producto: Elastic Compute Service (ECS), Object Storage Service (OSS), Alibaba Cloud Database

7. Océano Digital
  o Descripción: DigitalOcean ofrece servicios en la nube sencillos y asequibles que están especialmente dirigidos a desarrolladores y pequeñas empresas. Es conocido por su facilidad de uso y soluciones rentables.
  o Productos: Droplets (máquinas virtuales), espacios (almacenamiento de objetos), bases de datos administradas
     Estos proveedores permiten a las organizaciones escalar y administrar de manera flexible sus recursos de TI. Ofrecen amplias funciones de seguridad, disponibilidad global y una variedad de servicios diseñados específicamente para satisfacer las necesidades de empresas de diferentes tamaños e industrias.

Proveedores de software de seguridad

Los proveedores de software de seguridad son empresas que desarrollan y ofrecen soluciones de software diseñadas para proteger computadoras, redes y datos de diversas amenazas. Estas amenazas pueden incluir virus, malware, ransomware, ataques de piratas informáticos, robo de datos y otros delitos cibernéticos. El software de seguridad desempeña un papel fundamental en la protección de la infraestructura digital de empresas y particulares.

Las principales características y categorías del software de seguridad son:

1. Software antivirus y antimalware: estos programas detectan y eliminan software malicioso como virus, troyanos, gusanos y spyware. Proporcionan protección en tiempo real y escanean regularmente el sistema en busca de amenazas.

2. Firewall: Los firewalls monitorean y controlan el tráfico entre una computadora o red e Internet para evitar el acceso no autorizado.

3. Sistemas de Detección y Prevención de Intrusiones (IDS/IPS): Estos sistemas detectan y previenen posibles violaciones de seguridad mediante el monitoreo del tráfico de red en busca de actividades sospechosas.

4. Endpoint Security: Soluciones de protección que se dirigen específicamente a dispositivos como ordenadores, smartphones y tabletas para protegerlos de ataques y pérdida de datos.

5. Software de cifrado: Software que encripta los datos para protegerlos de accesos no autorizados. A menudo se utiliza para proteger información confidencial, tanto en tránsito como en reposo.

6. Gestión de seguridad e información (SIEM): soluciones que recopilan, analizan e informan sobre datos de seguridad para detectar y responder a las amenazas.

7. Gestión de identidades y accesos (IAM): software que rige la gestión de las identidades de los usuarios y los derechos de acceso para garantizar que solo las personas autorizadas puedan acceder a recursos específicos.

8. Prevención de pérdida de datos (DLP): Soluciones que evitan que los datos confidenciales salgan de la empresa sin autorización, por ejemplo, a través del correo electrónico o medios de almacenamiento portátiles.

Entre los proveedores de software de seguridad más conocidos se encuentran:

- Symantec (Norton): ofrece una amplia gama de soluciones de seguridad, incluidos antivirus, seguridad de endpoints y cifrado.
- McAfee: Conocido por sus productos antivirus y de seguridad en Internet, que se ofrecen tanto para empresas como para usuarios domésticos.

- Kaspersky: Un proveedor global conocido por sus soluciones de seguridad integrales, que incluyen antivirus y seguridad en Internet.
- Trend Micro: Proporciona soluciones de seguridad para endpoints, redes y entornos en la nube.
- Bitdefender: Conocido por su software antivirus y otros productos de seguridad que brindan protección contra una amplia gama de amenazas.
- Cisco: Ofrece una amplia gama de soluciones de seguridad, especialmente en el área de seguridad de redes y SIEM.

Estos proveedores ofrecen una variedad de productos y servicios adaptados a las diferentes necesidades de las empresas y las personas para proteger sus activos digitales.

Herramientas de colaboración y comunicación

Las herramientas de colaboración y comunicación son soluciones de software diseñadas para facilitar la colaboración y la comunicación dentro de equipos, organizaciones o entre diferentes grupos. Estas herramientas son especialmente importantes en un mundo laboral cada vez más digitalizado y distribuido, donde el trabajo remoto y los equipos internacionales son cada vez más comunes. Ayudan a coordinar los procesos de trabajo, intercambiar información y aumentar la productividad.

Las principales características y categorías de las herramientas de colaboración y comunicación son:

1. Mensajería instantánea y chat: Estas herramientas permiten una comunicación rápida y directa entre los miembros del equipo. Algunos ejemplos son Slack, Microsoft Teams y Discord.

2. Videoconferencias y reuniones en línea: Ofrecen la posibilidad de celebrar reuniones virtuales, a menudo con

funciones como compartir pantalla, grabación y pizarras interactivas. Las herramientas populares en esta área incluyen Zoom, Microsoft Teams, Google Meet y Cisco Webex.

3. Herramientas de gestión de proyectos y gestión de tareas: Este software ayuda a los equipos a planificar proyectos, asignar tareas, realizar un seguimiento del progreso y cumplir los plazos. Algunos ejemplos son Trello, Asana, Monday.com y Jira.

4. Uso compartido de documentos y archivos: herramientas como Google Drive, Dropbox y Microsoft OneDrive le permiten almacenar, compartir y colaborar en documentos y archivos en tiempo real.

5. Procesamiento colaborativo de texto y hojas de cálculo: Programas como Google Docs y Microsoft Office 365 (Word, Excel, PowerPoint) permiten que varios usuarios trabajen en documentos al mismo tiempo.

6. Wikis y gestión del conocimiento: Plataformas como Confluence y Notion ayudan a los equipos a documentar y compartir conocimientos, lo que es especialmente útil para documentar procesos y proyectos.

7. Pizarras colaborativas: Estas herramientas permiten la colaboración visual y la lluvia de ideas, a menudo con funciones de bocetos y toma de notas. Algunos ejemplos son Miró y MURAL.

8. Correo electrónico: Aunque es una tecnología más antigua, el correo electrónico sigue siendo un medio básico de comunicación, especialmente para la correspondencia oficial. Los clientes de correo electrónico más populares son Microsoft Outlook, Gmail y Yahoo Mail.

9. Herramientas de colaboración social: Estas plataformas combinan elementos de redes sociales con funciones colaborativas para fomentar el intercambio de ideas e información. Algunos ejemplos son Yammer y Workplace de Facebook.

Estas herramientas apoyan la eficiencia y la eficacia en el trabajo en equipo al facilitar el intercambio de información, simplificar la comunicación y proporcionar una plataforma central para la colaboración.

Proveedores que proporcionan software para mejorar el trabajo en equipo y la comunicación.

- Flojo
- Equipos de Microsoft
- Asana

Proveedores de software específicos de la industria

Los proveedores de software específicos de la industria son empresas que desarrollan y ofrecen soluciones de software que se adaptan específicamente a las necesidades y requisitos de industrias específicas. Este software está diseñado para abordar procesos, regulaciones y desafíos específicos de la industria, lo que lo hace más eficiente y efectivo que las soluciones de software generales.
Las características clave y los ejemplos de software específico de la industria incluyen:

1. Servicio sanitario:
    o Historias clínicas electrónicas (HCE) y sistemas de información hospitalaria (HIS): software para la gestión de datos de pacientes, programación, facturación e información clínica. Los proveedores

más conocidos son Epic Systems, Cerner y Allscripts.
o Telemedicina: Soluciones para la realización de consultas a distancia, por ejemplo, a través de videollamadas, como las que ofrecen empresas como Teladoc o Doctor on Demand.

2. Servicios financieros:
o Software bancario: Soluciones para sistemas bancarios centrales, banca en línea, gestión de riesgos y cumplimiento. Proveedores como FIS, Temenos y Finastra son líderes en esta área.
o Plataformas de trading e inversión: Software especializado para la negociación de acciones, bonos y otros instrumentos financieros, tal y como lo ofrecen Bloomberg o Thomson Reuters.

3. Venta al por menor:
o Sistemas de punto de venta (POS): soluciones para el manejo de transacciones minoristas, gestión de inventario y gestión de relaciones con los clientes. Entre los proveedores más conocidos se encuentran Square, Shopify y NCR.
o Plataformas de comercio electrónico: Software para vender en línea, proporcionado por Magento, WooCommerce y BigCommerce.

4. Fabricación:
o Manufacturing Execution Systems (MES): Software para el seguimiento y control de los procesos productivos. Algunos ejemplos son Siemens, SIMATIC IT y SAP Manufacturing.
o Enterprise Asset Management (EAM): Soluciones para la gestión y mantenimiento de activos, como las que ofrecen IBM Maximo o Infor EAM.

5. Construcción e ingeniería:
   o   Software de gestión de proyectos de construcción: herramientas para planificar, ejecutar y supervisar proyectos de construcción, como las que ofrecen Procore, Autodesk Construction Cloud y Plan-Grid.
   o   Building Information Modeling (BIM): Software para la representación digital de datos de edificios, como Autodesk Revit o Bentley Systems.

6. Educación:
   o   Sistemas de Gestión de Aprendizaje (LMS): Plataformas para la gestión de contenidos formativos y educativos, como Moodle, Blackboard y Canvas.
   o   Sistemas de Información de Estudiantes: Software para la gestión de datos de estudiantes y procesos administrativos, como PowerSchool y Ellucian.

7. Logística y transporte:
   o   Sistemas de Gestión de Transporte (TMS): Software para optimizar los procesos de logística y transporte, como SAP Transportation Management u Oracle Transportation Management.
   o   Gestión de flotas: Soluciones para la monitorización y gestión de flotas de vehículos, como las que ofrecen Geotab o Fleet Complete.

Las soluciones de software específicas de la industria ofrecen características y herramientas especializadas que están alineadas con las necesidades específicas y las mejores prácticas de cada industria. Esto a menudo conduce a una mayor eficiencia, un mejor cumplimiento y una mayor calidad de los servicios.

Empresas que ofrecen soluciones de software especializadas.
- Para el comercio minorista: Shopify, Magento
- Para el sector de la hostelería: Toast, Oracle Hospitality
- Para la industria manufacturera: Autodesk, SolidWorks

Conceptos básicos de comunicación

La comunicación entre los sistemas de TI de todo el mundo se lleva a cabo a través de una compleja red de hardware y software. Aquí hay una descripción general de cómo funciona esta comunicación, qué componentes están involucrados y qué peligros existen:

Hardware

1. Servidores y clientes: Los servidores son ordenadores potentes que proporcionan servicios y datos. Los clientes son dispositivos como PC, smartphones o tabletas que utilizan estos servicios.

2. Routers: Estos dispositivos reenvían paquetes de datos entre diferentes redes.

3. Conmutadores: conectan dispositivos dentro de una red y transmiten datos en función de las direcciones MAC de los dispositivos.

4. Módems: Estos dispositivos convierten los datos digitales en señales analógicas y viceversa para permitir la transmisión a través de líneas telefónicas o redes de cable.

5. Cables y rutas de transmisión inalámbrica: Los cables Ethernet, los cables de fibra óptica y las tecnologías inalámbricas (como Wi-Fi, LTE) se utilizan para transmitir datos físicamente.

Software

1. Sistemas operativos: Windows, Linux, macOS y otros sistemas operativos administran el hardware y proporcionan servicios básicos para las aplicaciones.
Linux tiene una ventaja sobre Microsoft: no requiere un hardware tan potente. Esto significa que las computadoras más antiguas o menos potentes a menudo pueden ejecutar

Linux sin ningún problema, mientras que las versiones más nuevas de Windows pueden requerir más recursos.

2. Protocolos de red: Protocolos como TCP/IP, HTTP, FTP y DNS permiten la comunicación estandarizada entre diferentes sistemas.

3. Firewalls y software de seguridad: protegen las redes y los dispositivos de accesos no deseados y amenazas.

4. Software de aplicación: Los navegadores web, los clientes de correo electrónico, los sistemas de gestión de bases de datos y otros programas especializados permiten el uso de servicios específicos.

Cómo funciona la comunicación

Los sistemas informáticos se comunican a través de Internet, una red global estructurada por varios protocolos. Estos son los pasos básicos:

1. Transmisión de datos: Los datos se envían a través de Internet en pequeños paquetes. Cada paquete contiene una dirección de destino definida por la dirección IP.

2. Enrutamiento: Los routers analizan la dirección de destino de los paquetes y los enrutan a través de la red más eficiente disponible.

3. Nivel de protocolo: TCP/IP asegura la correcta transmisión de paquetes, mientras que protocolos superiores como HTTP o SMTP interpretan los datos para aplicaciones específicas.

4. Acceso a la aplicación: Los datos son finalmente procesados por el software de la aplicación y presentados al usuario.

Amenazas y desafíos de seguridad
1. Hackers y ciberataques: Personas no autorizadas pueden intentar entrar en los sistemas, robar o manipular datos.
2. Malware: Los virus, troyanos y otros programas maliciosos pueden infectar sistemas y causar daños.
3. Phishing: Los estafadores intentan obtener información confidencial, como contraseñas, a través del engaño.
4. Ataques DDoS: Al sobrecargar un sistema con solicitudes, se intenta paralizar el servicio.
5. Filtraciones de datos: Los canales de comunicación inseguros o el manejo inadecuado de los datos pueden provocar filtraciones de datos.

Inferencia
La comunicación mundial entre los sistemas de TI se basa en una combinación de hardware y software especializados. La seguridad de

esta comunicación depende de protocolos de seguridad sólidos, actualizaciones periódicas y vigilancia del usuario para defenderse eficazmente de las amenazas.

Reprimendas:

Cada uno de estos proveedores ofrece soluciones especializadas adaptadas a las necesidades y requisitos específicos de diferentes industrias y tamaños de empresas.

1. Proveedor de software ERP
    o SAP: El proveedor líder mundial de soluciones ERP, especialmente conocido por SAP S/4HANA y SAP Business One, que ofrecen funcionalidades integrales para las empresas.

    o Oracle: Especializada en soluciones ERP escalables con una fuerte integración de tecnologías de bases de datos y nube, conocida por Oracle ERP Cloud y NetSuite.

    o Microsoft Dynamics: Soluciones ERP fáciles de usar, perfectamente integradas con los productos de Microsoft, especialmente conocidas por Microsoft Dynamics 365.

    o Infor: Soluciones ERP específicas de la industria con una estrategia que prioriza la nube, especialmente conocidas por Infor CloudSuite e Infor LN.

    o Workday: Enfoque en la gestión financiera y de personas, conocido por la facilidad de uso de Workday HCM y Workday Financial Management.

- Epicor: Soluciones ERP diseñadas específicamente para fabricantes, distribuidores y proveedores de servicios, conocidas por Epicor ERP.

- Sage: software ERP para pequeñas y medianas empresas, conocido por Sage X3 y Sage 300.

2. Proveedor de software CRM

    - Salesforce: Líder en soluciones CRM, conocido por su adaptabilidad y plataformas basadas en la nube como Salesforce Sales Cloud y Salesforce Marketing Cloud.

    - Microsoft Dynamics 365: Soluciones integradas de CRM y ERP, más conocidas por Dynamics 365 Sales y Dynamics 365 Customer Service.

    - HubSpot: Popular entre las pymes, ofrece una versión de CRM gratuita y fácil de usar, así como herramientas como HubSpot CRM y HubSpot Sales.

    - Zoho CRM: solución de CRM asequible y personalizable, conocida por Zoho CRM y Zoho Desk.

    - SAP Customer Experience (SAP C/4HANA): Suite integral de CRM para la gestión de clientes, conocida por SAP Sales Cloud y SAP Service Cloud.

    - Oracle CX Cloud: Herramientas de CRM para mejorar la experiencia del cliente, conocidas por Oracle Sales Cloud y Oracle Marketing Cloud.

    - Pipedrive: solución de CRM con un enfoque en la optimización de ventas, especialmente adecuada para pymes, conocida por Pipedrive CRM.

- SugarCRM: Solución CRM flexible y personalizable, conocida por Sugar Sell y Sugar Serve.

C3. Proveedores de software de contabilidad

- QuickBooks (Intuit): Una de las soluciones más conocidas para pymes, conocida por QuickBooks Online y QuickBooks Desktop.

- Sage: Ofrece una gama de software de contabilidad para empresas de diferentes tamaños, conocido por Sage 50cloud y Sage Business Cloud Accounting.

- Xero: Software de contabilidad basado en la nube para pymes, conocido por su facilidad de uso e integración.

- FreshBooks: Popular entre los autónomos y las pequeñas empresas, conocido por sus sólidas funciones de facturación y seguimiento del tiempo.

- Wave: Software de contabilidad gratuito para pequeñas empresas y autónomos, conocido por Wave Accounting.

- Zoho Books: Parte de Zoho Suite, software de contabilidad integral para pymes, conocido por Zoho Books.

- Tally Solutions: Particularmente común en Asia, conocida por Tally.ERP 9.

- NetSuite (Oracle): Solución ERP integral basada en la nube con sólidas capacidades de contabilidad, conocida por NetSuite ERP.

4. Proveedores de infraestructura en la nube

o Amazon Web Services (AWS): El proveedor de infraestructura en la nube más grande del mundo, conocido por Amazon EC2, S3 y RDS.

o Microsoft Azure: Plataforma integral en la nube, especialmente indicada para empresas con integración de Microsoft, conocida por Azure Virtual Machines y Azure SQL Database.

o Google Cloud Platform (GCP): Fuerte en análisis de datos y aprendizaje automático, conocido por Google Compute Engine y BigQuery.

o IBM Cloud: Ofrece IaaS, PaaS y SaaS con un fuerte enfoque en IA y machine learning, conocido por IBM Watson e IBM Cloud Object Storage.

o Oracle Cloud Infrastructure (OCI): infraestructura en la nube centrada en la empresa conocida por Oracle Autonomous Database y Oracle Compute.

o Alibaba Cloud: Proveedor líder en Asia, conocido por Elastic Compute Service (ECS) y Object Storage Service (OSS).

o DigitalOcean: Diríjase a desarrolladores y pymes conocidos por Droplets y Spaces.

5. Proveedores de software de seguridad

o Symantec (Norton): amplia gama de soluciones de seguridad, incluidos antivirus, seguridad de endpoints y cifrado.

o McAfee: Conocido por sus soluciones de seguridad integrales que son adecuadas tanto para usuarios empresariales como domésticos.

- Kaspersky: Proveedor global de soluciones de seguridad integrales, conocido por antivirus y seguridad en Internet.
- Trend Micro: Proporciona soluciones para endpoints, redes y entornos de nube.
- Bitdefender: Conocido por su software antivirus y sus completos productos de seguridad.
- Cisco: Líder en seguridad de red y soluciones SIEM.

6. Herramientas de colaboración y comunicación
   - Slack: Herramienta de mensajería instantánea y colaboración para equipos.
   - Microsoft Teams: Integración de herramientas de chat, videoconferencia y colaboración.
   - Asana: Herramienta de gestión de proyectos para gestionar tareas y proyectos.

7. Proveedores de software específicos de la industria
   - Shopify: Plataforma de comercio electrónico para el comercio minorista.
   - Magento: Sistema de comercio electrónico flexible.
   - Autodesk: Soluciones de software para la industria manufacturera.
   - SolidWorks: software CAD para la industria manufacturera.

Elección de sistemas operativos

Perfiles de requisitos y necesidades de formación de los empleados

La elección del sistema operativo en una empresa tiene un impacto directo en los perfiles de requisitos de los empleados y las necesidades de formación. Estas son las consideraciones clave para Windows, Linux y macOS:

Microsoft Windows

Perfil laboral:
- Conocimientos básicos: Muchos trabajadores ya están familiarizados con Windows, ya que es muy utilizado. Por lo tanto, a menudo se dispone de conocimientos básicos sobre el funcionamiento de los sistemas Windows.
- Aplicaciones: La experiencia con Microsoft Office y otras aplicaciones empresariales comunes es beneficiosa.
- Soporte de TI: el personal de TI debe tener conocimientos de administración de redes de Windows, Active Directory y servidores de Windows.

Adiestramiento:
- Costo y tiempo: La capacitación para Windows suele ser menos costosa y requiere menos tiempo, ya que muchos empleados ya tienen conocimientos previos. También hay muchos recursos y proveedores de capacitación.
- Especialización: La capacitación para aplicaciones especializadas o administración avanzada de redes y servidores puede ser más extensa, pero está fácilmente disponible.

Linux

Perfil laboral:
- Conocimientos básicos: Menos empleados tienen experiencia con Linux, por lo que a menudo se requiere una comprensión básica de la línea de comandos de Linux y la administración del sistema.
- Aplicaciones: El conocimiento del software de código abierto y las aplicaciones especiales de Linux es beneficioso.

- Soporte de TI: El personal de TI debe tener un conocimiento profundo de la administración de sistemas y redes, secuencias de comandos de shell y administración de servidores.

Adiestramiento:
- Costo y tiempo: La capacitación puede ser costosa, especialmente para los empleados sin experiencia previa. La curva de aprendizaje puede ser más pronunciada, especialmente cuando se utiliza la línea de comandos y la configuración del sistema.
- Especialización: La formación avanzada en áreas como la seguridad, la administración de servidores o las distribuciones especializadas de Linux (por ejemplo, Red Hat, Ubuntu) suele ser necesaria y puede llevar mucho tiempo.

Apple MacOS

Perfil laboral:
- Habilidades básicas: Al igual que con Windows, muchos empleados tienen conocimientos básicos de macOS, especialmente en las industrias creativas.
- Aplicaciones: A menudo se exigen conocimientos de aplicaciones específicas de Apple, como Final Cut Pro, Logic Pro o Adobe Creative Suite en macOS.
- Soporte de TI: el personal de TI debe estar familiarizado con las herramientas específicas de macOS y cómo integrar dispositivos Apple en las redes.

Adiestramiento:
- Costo y tiempo: La capacitación puede ser moderadamente costosa. El funcionamiento de macOS suele ser intuitivo, lo que significa que el tiempo de entrenamiento para las operaciones básicas es más corto.
- Especialización: el personal de TI puede necesitar capacitación especializada sobre cómo administrar sistemas macOS e integrarse con entornos de red mixtos.

Resumen

- Windows ofrece una barrera de entrada baja debido a su uso generalizado y, a menudo, requiere menos capacitación para aplicaciones básicas. La formación especializada para los administradores de TI está disponible y bien establecida.
- Linux tiende a requerir más capacitación, especialmente para los usuarios sin experiencia previa. Por lo general, los administradores de TI necesitan obtener conocimientos técnicos más profundos.
- MacOS es fácil de aprender para los usuarios que ya están familiarizados con los productos de Apple. La formación tiende a centrarse en aplicaciones específicas y en la integración con los sistemas existentes.

El coste y la duración de los cursos de formación dependen en gran medida del nivel de conocimientos existente de los empleados y de los requisitos específicos de la empresa. Por lo tanto, las empresas deben evaluar las habilidades existentes de su fuerza laboral y planificar la capacitación en consecuencia.

Un análisis de inventario del hardware y software utilizado en la empresa es un proceso importante para obtener una visión general de los recursos existentes, optimizar su uso y garantizar el cumplimiento. Estos son los pasos sobre cómo realizar dicho análisis, así como las herramientas que se pueden utilizar para ello.

Pasos para el análisis de inventario

1. Recogida de datos:
    o Hardware: Captura todos los dispositivos de hardware presentes en la empresa. Esto incluye computadoras, portátiles, servidores, dispositivos de red, impresoras, dispositivos móviles, etc. Anote

detalles como el fabricante, el modelo, el número de serie, la fecha de compra y el uso actual.

o Software: Inventario de todos los programas de software instalados. Esto incluye sistemas operativos, aplicaciones, software especial y soluciones de seguridad. Cree una lista con el nombre, la versión, la fecha de instalación y el número de licencias.

2. Comprobar licencias:
o Capture todas las claves de licencia y contratos para garantizar que todo el software se utilice legalmente. Compruebe que el número de licencias coincida con el número de instalaciones.

3. Estructuración de datos:
o Organice los datos recopilados de forma estructurada para obtener una visión general clara. Esto se puede hacer en una tabla que contiene diferentes categorías y columnas.

4. Análisis y evaluación:
o Compruebe si hay algún hardware y software obsoleto o sin usar que pueda reemplazarse o eliminarse. Evalúe la necesidad de actualizaciones o mejoras y, si es necesario, planifique el presupuesto y el tiempo para ellas.

5. Documentación e informes:
o Cree un informe que muestre el inventario actual, cualquier escasez o exceso de capacidad, y recomendaciones para futuras compras o actualizaciones.

Herramientas y métodos

1. Hojas de cálculo de Excel:

o Un método sencillo es utilizar hojas de cálculo de Excel. Cree hojas separadas para hardware y software para capturar y analizar toda la información relevante.

2. Software Especializado:
o Existen herramientas de software de gestión de activos de TI especializadas que pueden automatizar el proceso de inventario y gestión. Ejemplos de esto son:

- Lansweeper: Proporciona un inventario detallado de hardware y software, incluida la gestión de licencias.
- ManageEngine AssetExplorer: Ayuda a administrar activos de TI, licencias y contratos.
- Microsoft System Center Configuration Manager (SCCM): proporciona amplias capacidades para administrar activos de hardware y software en grandes empresas.

3. Escáner de red:
o Herramientas como Nmap o Advanced IP Scanner se pueden utilizar para buscar dispositivos en la red y recopilar información básica.

Resultado

La elección de la herramienta depende del tamaño de la empresa, el presupuesto y la complejidad de la infraestructura de TI. Para las empresas más pequeñas, una hoja de cálculo de Excel bien organizada puede ser suficiente, mientras que las organizaciones más grandes pueden beneficiarse de soluciones de software especializadas. Es importante realizar análisis de inventario periódicos para garantizar que la infraestructura de TI se utilice de manera óptima y cumpla con todos los requisitos legales.

Para los responsables de la toma de decisiones en las medianas y pequeñas empresas que tienen más preguntas sobre la selección e implementación de sistemas operativos y software, hay varios puntos de contacto:

1. Consultores de TI e integradores de sistemas
    Los consultores de TI e integradores de sistemas se especializan en apoyar a las empresas en la selección e implementación de soluciones de TI. Pueden realizar un análisis exhaustivo de las necesidades, hacer recomendaciones y acompañar el proceso de implementación.

2. Proveedores y socios de soluciones de software
    Los proveedores de los respectivos sistemas operativos, como Microsoft, Red Hat (para distribuciones de Linux) o Apple, suelen ofrecer un amplio asesoramiento y soporte. Muchas de estas empresas también tienen redes de socios a través de las cuales se pueden encontrar proveedores de servicios especializados.

3. Proveedores locales de servicios de TI
    Los proveedores de servicios de TI locales pueden ser un recurso valioso, especialmente si tienen experiencia con los requisitos y desafíos específicos de la región. A menudo ofrecen servicios personalizados y pueden estar en el lugar rápidamente.

4. Online-Foren und Communities
    Existen numerosos foros y comunidades en línea donde expertos y usuarios comparten experiencias. Plataformas como Stack Overflow, Reddit (por ejemplo, r/sysadmin) y foros dedicados para Linux (por ejemplo, Ubuntu Forums) o Apple (por ejemplo, MacRumors Forums) ofrecen información y soporte valiosos.

5. Conferencias y ferias tecnológicas
La participación en conferencias y ferias tecnológicas puede proporcionar valiosos contactos e información. Aquí, los responsables de la toma de decisiones pueden obtener información directa sobre las nuevas tecnologías y tendencias e intercambiar ideas con expertos.

6. Centros de formación y perfeccionamiento
Numerosos institutos ofrecen formación y certificaciones, por ejemplo, para Microsoft Certified Professionals (MCP), Red Hat Certified Engineers (RHCE) o Apple Certified Support Professionals (ACSP). Estos no solo pueden capacitar a los empleados, sino también ayudar a los tomadores de decisiones a desarrollar una comprensión más profunda de la tecnología.

7. Universidades e instituciones de investigación
Muchas universidades e instituciones de investigación ofrecen servicios de consultoría o proyectos de investigación que se adaptan específicamente a las necesidades de las empresas. Pueden ser socios valiosos, especialmente cuando se trata de tecnologías innovadoras o soluciones industriales especiales.

Los responsables de la toma de decisiones deben utilizar estos recursos para tomar decisiones informadas que tengan en cuenta las necesidades actuales y futuras de la empresa. Una planificación y un asesoramiento cuidadosos pueden ahorrar costes a largo plazo y mejorar la eficiencia y la seguridad de la infraestructura de TI.

Referencias para este capítulo:

Estas referencias proporcionan una visión general estructurada y sirven como guía para el capítulo.

Elección de sistemas operativos

1. Perfiles de requisitos y necesidades de formación de los empleados
   o La elección del sistema operativo afecta directamente a los conocimientos y la formación requeridos por los empleados.
   o Microsoft Windows
      ☐ A menudo se dispone de conocimientos básicos de Windows.
      ☐ El conocimiento de Microsoft Office y otras aplicaciones comerciales es beneficioso.
      ☐ El personal de TI debe estar bien versado en la administración de redes de Windows, Active Directory y servidores de Windows.
      ☐ La formación para Windows suele ser menos intensiva porque muchos empleados tienen conocimientos previos.
   o Linux
      ☐ Conocimientos básicos menos comunes, por lo que se requieren conocimientos específicos de Linux.
      ☐ El personal de TI debe tener un conocimiento más profundo de la administración de sistemas y redes, así como de secuencias de comandos de shell.
      ☐ La formación para Linux puede llevar mucho tiempo y ser costosa.
   o Apple macOS
      ☐ Los conocimientos básicos son particularmente comunes en las industrias creativas.
      ☐ A menudo se requiere el conocimiento de aplicaciones específicas de Apple.
      ☐ El personal de TI debe estar familiarizado con las herramientas específicas de macOS.

☐ La formación suele ser moderadamente costosa y se centra en aplicaciones especiales.

2. Resumen
   o   Windows es ampliamente utilizado y requiere menos capacitación para aplicaciones básicas.
   o   Linux requiere más formación y conocimientos técnicos más profundos.
   o   macOS es intuitivo de usar, pero requiere capacitación especializada para los administradores de TI.

3. Análisis de archivos
   o   Pasos para el análisis de inventario
       ☐ Recopilación de datos de hardware y software
       ☐ Verificación de licencia
       ☐ Estructuración de los datos
       ☐ Análisis y evaluación de las participaciones
       ☐ Documentación e informes
   o   Herramientas y métodos
       ☐ Hojas de cálculo de Excel para pequeñas empresas
       ☐ Herramientas de software especializadas como Lansweeper, ManageEngine, AssetExplorer o Microsoft SCCM
   ☐ Escáneres de red como Nmap o Advanced IP Scanner

4. Resultado
   o   La elección de la herramienta de analisis de inventario depende del tamaño de la empresa, el presupuesto y la complejidad de TI.

5. Recursos para más apoyo

- o Consultores de TI e integradores de sistemas: Apoyo en la selección e implementación de soluciones de TI.
- o Proveedores y socios de soluciones de software: Consultoría y soporte de Microsoft, Red Hat o Apple.
- o Proveedores de servicios de TI locales: Servicios personalizados y rápida disponibilidad.
- o Foros y comunidades en línea: Plataformas como Stack Overflow, Reddit y foros dedicados proporcionan información valiosa.
- o Conferencias y ferias tecnológicas: Perspectivas directas sobre nuevas tecnologías y tendencias.
- o Institutos de Capacitación y Educación Continua: Certificaciones como MCP, RHCE o ACSP.
- o Universidades e instituciones de investigación: Servicios especiales de consultoría y proyectos de investigación para empresas.

Problemas con la disponibilidad de software específico de la industria

El software específico de la industria se adapta a las necesidades y requisitos específicos de una industria en particular. Incluye aplicaciones diseñadas específicamente para procesos como la contabilidad, la gestión de proyectos, el control de la producción, la facturación médica, la gestión de casos legales u otras tareas especializadas. La disponibilidad de este tipo de software suele ser un factor crítico a la hora de elegir el sistema operativo y la infraestructura de TI de una empresa. En este contexto, se plantean varios retos y consideraciones:

1. Disponibilidad y soporte en el mercado
- Windows: Debido a su uso generalizado en las empresas, Windows es el sistema operativo mejor soportado para el software específico de la industria. Muchos proveedores desarrollan sus aplicaciones

principalmente para Windows, ya que proporciona la mayor base de usuarios.

- Linux: La disponibilidad de software específico de la industria para Linux es más limitada en comparación con Windows. Aunque hay un número creciente de alternativas de código abierto, a menudo hay una falta de aplicaciones especializadas que se desarrollaron solo para sistemas operativos propietarios.

- MacOS: Si bien MacOS es compatible con ciertas industrias creativas (por ejemplo, diseño, producción musical), otras industrias a menudo carecen de soluciones específicas. Muchas empresas no desarrollan una versión nativa de MacOS de su software, lo que puede requerir el uso de virtualización o entornos de arranque dual.

2. Coste y adaptabilidad

- Costos de desarrollo: Desarrollar y mantener software para múltiples plataformas puede ser costoso. Por lo tanto, muchos proveedores se centran en el sistema operativo más utilizado (a menudo Windows). Esto puede aumentar los costos para las empresas que desean implementar una solución específica en un sistema operativo diferente.

- Adaptabilidad: El software de código abierto en Linux a menudo ofrece más opciones de personalización, pero también requiere conocimientos técnicos para personalizarlo y mantenerlo. Esto no siempre es práctico o rentable para las empresas que no cuentan con equipos de TI especializados.

3. Integración e interoperabilidad

- Problemas de integración: El software específico de la industria a menudo debe integrarse en los sistemas de TI existentes, como los sistemas ERP, los sistemas CRM o las bases de datos. La integración perfecta suele ser más fácil en Windows porque muchas aplicaciones y sistemas empresariales están optimizados para Windows.

- Interoperabilidad: Las organizaciones que utilizan una combinación de sistemas operativos (por ejemplo, escritorios Windows y servidores Linux) deben asegurarse de que sus soluciones de software sean interoperables y puedan funcionar bien juntas. Esto puede agregar complejidad y costo.

Ayudas para la toma de decisiones

1. Realizar un análisis de necesidades:
    o Determine los requisitos exactos de su industria y qué soluciones de software se necesitan para ellos. Compruebe si este software está disponible en el sistema operativo en cuestión.

2. Compruebe la disponibilidad y compatibilidad:
    o Haga una lista de las aplicaciones que necesita y vea si están disponibles de forma nativa para el sistema operativo que está considerando. Considere también si existen alternativas o soluciones alternativas (por ejemplo, el uso de tecnologías de virtualización o emuladores).

3. Análisis costo-beneficio:
    o Compare el costo total de propiedad (TCO), incluidas las licencias de software, la capacitación, el soporte y el hardware. Además, considere el costo

de cualquier software o servicio adicional requerido para la integración.

4. Estrategia a largo plazo:
   o Considere la estrategia de TI a largo plazo de su empresa. Si desea crear un entorno flexible y preparado para el futuro que se adapte a los cambios tecnológicos, podría tener sentido invertir en soluciones abiertas y flexibles.

5. Proyectos piloto y pruebas:
   o Ejecute pruebas piloto para probar la funcionalidad real y la integración del software específico de la industria en su entorno. Esto ayuda a identificar y resolver problemas potenciales en una etapa temprana.

6. Busca consejo:
   o Consulte a consultores o expertos en TI que tengan experiencia en su industria. Pueden proporcionar información y recomendaciones valiosas sobre la mejor infraestructura de TI para sus necesidades específicas.

A través de pruebas y planificación cuidadosas, las organizaciones pueden asegurarse de seleccionar el mejor entorno de TI para sus necesidades, al tiempo que garantizan la disponibilidad y compatibilidad del software específico de la industria que necesitan.

Distribución de Linux

Existen muchas distribuciones de Linux diferentes, cada una con sus propias fortalezas y casos de uso. Estos son algunos de los más conocidos y para qué se recomiendan:

1. Ubuntu
   • Aplicación: General, Escritorio, Servidor
   • Recomendación: Ideal para principiantes y usuarios de escritorio en general. Ofrece una interfaz fácil de

usar y un gran apoyo de la comunidad. Ubuntu también se usa a menudo en servidores.

2. Debian
- Aplicación: Servidor, Escritorio
- Recomendación: Debian es conocido por su estabilidad y fiabilidad. A menudo se usa en servidores, pero también se recomienda para usuarios experimentados en el escritorio que buscan una distribución estable y flexible.

3. Fedora
- Aplicación: Escritorio, Desarrollo
- Recomendación: Fedora suele ser la primera opción para los desarrolladores y entusiastas de la tecnología porque ofrece software y tecnologías actualizadas. Es una buena opción para aquellos que quieren probar lo último.

4. CentOS
- Aplicación: Servidor
- Recomendación: CentOS es una distribución empresarial creada a partir de las fuentes de Red Hat Enterprise Linux (RHEL). Es muy estable y se utiliza a menudo en entornos corporativos.

5. Arch Linux
- Aplicación: Usuarios experimentados, Escritorio
- Recomendación: Arch Linux es conocido por su flexibilidad y filosofía minimalista. Es ideal para usuarios avanzados que quieran crear un entorno personalizado y optimizado.

6. Abra SUSE
- Aplicación: Escritorio, Servidor
- Recomendación: open SUSE ofrece dos versiones principales: Leap (estable) y Tumbleweed (rolling

release). Es versátil y proporciona un entorno fácil de usar para desarrolladores y usuarios empresariales.

7. Casa de la moneda de Linux
   - Aplicación: Escritorio
   - Recomendación: Linux Mint es una de las mejores opciones para aquellos que cambian de Windows porque ofrece una interfaz fácil de usar y se siente muy familiar.

8. Kali Linux
   - Aplicación: Seguridad, Pruebas de penetración
   - Recomendación: Kali Linux está especialmente desarrollado para investigadores de seguridad y probadores de penetración. Viene precargado con una variedad de herramientas para el análisis de seguridad.

9. Raspbian (sistema operativo Raspberry Pi)
   - Aplicación: Raspberry Pi
   - Recomendación: Raspbian es una versión optimizada de Debian que se desarrolló específicamente para su uso en Raspberry Pi. Es ideal para la educación y los pequeños proyectos.

Obtener presupuestos: la clave para tomar la decisión de TI correcta

Uno de los pasos más cruciales para elegir el hardware y software de TI adecuado para su empresa es obtener y comparar varias cotizaciones. Este proceso ofrece una variedad de beneficios y le ayuda a tomar decisiones informadas. En este capítulo, explicaremos la importancia de obtener varias cotizaciones, destacaremos los beneficios de hacerlo y brindaremos consejos prácticos sobre cómo hacer que el proceso sea eficiente.

¿Por qué obtener varias cotizaciones? El mercado de TI es dinámico y está en constante cambio. Regularmente salen al mercado nuevas tecnologías y productos, y los proveedores adaptan continuamente sus ofertas a los últimos desarrollos. Al obtener múltiples cotizaciones, puede asegurarse de obtener una visión completa de las soluciones disponibles y tomar la mejor decisión posible para su negocio. Estas son algunas de las principales razones por las que es aconsejable obtener varias cotizaciones:

1. Conocimiento actual del mercado:
   o Al obtener varias cotizaciones, obtendrá información sobre las últimas tecnologías y tendencias en el mercado. Esto le ayudará a comprender qué soluciones están disponibles actualmente y cómo pueden satisfacer sus necesidades específicas.

2. Evaluación de la competencia del proveedor:
   o Las cotizaciones de diferentes proveedores le dan la oportunidad de evaluar su competencia y experiencia. Un proveedor bien informado y a la vanguardia de la tecnología puede proporcionarle recomendaciones valiosas y garantizar que las soluciones propuestas estén preparadas para el futuro.

3. Extensión de su propia búsqueda:
   o Durante la fase de licitación, es posible que te encuentres con soluciones que quizás no hayas considerado. Esto puede ampliar su búsqueda original y ayudarlo a descubrir opciones innovadoras y posiblemente mejores.

4. Comparación de costes y optimización de presupuestos:
   o Varias ofertas le permiten comparar los costos de diferentes soluciones. Esto te ayudará a tomar la

mejor decisión de valor y te asegurará de que te mantengas dentro de tu presupuesto.

5. Bases para la negociación:
   o Si tienes varias ofertas, puedes usarlas como base para la negociación. Los proveedores a menudo están dispuestos a ofrecer mejores términos si saben que está considerando alternativas.

Consejos prácticos para obtener y comparar ofertas

Para que el proceso de obtención y comparación de cotizaciones sea eficiente, debe seguir algunas prácticas recomendadas:
1. Defina sus requisitos:

   o Antes de solicitar presupuestos, debe tener una idea clara de lo que debe cumplir su solución de TI. Haz una lista de las características y criterios más importantes que son críticos para tu negocio.

2. Cree una solicitud estructurada (RFP):
   o Una solicitud estructurada, también conocida como solicitud de propuesta (RFP), le ayuda a recibir ofertas claras y comparables. En su RFP, sea específico sobre la información que necesita de los proveedores, como las especificaciones técnicas, el cronograma de implementación, las opciones de soporte y los costos.

3. Investigación y selección de posibles proveedores:
   o Investigue a los posibles proveedores y elija los que mejor se adapten a sus necesidades. Presta atención a sus experiencias, referencias y reseñas de otros clientes.

4. Crea una tabla comparativa:

- o Crea una tabla comparativa en la que compares las ofertas de los diferentes proveedores una al lado de la otra. Compare las especificaciones técnicas, los costos, las opciones de soporte y otros criterios relevantes.

5. Evaluación y selección:
   - o Evalúe las ofertas en función de sus requisitos iniciales y de la información adicional que haya recibido de los proveedores. Ten en cuenta tanto los aspectos técnicos como los financieros.

6. Realización de negociaciones:
   o   Después de evaluar las ofertas, negocie con los proveedores para lograr mejores condiciones. Esté preparado para comunicar claramente sus requisitos y preguntar sobre posibles descuentos o servicios adicionales.

7. Tome una decisión y planifique la implementación:
   o   Tome una decisión informada y planifique cuidadosamente la implementación de la solución elegida. Asegúrese de que todos los miembros de la empresa estén al tanto del plan y de que se proporcionen los recursos necesarios.

Caso de estudio: Selección exitosa de una solución de TI mediante la comparación de ofertas

Una pequeña empresa minorista buscaba un nuevo software ERP para optimizar sus procesos comerciales. Después de realizar un análisis exhaustivo de las necesidades y crear una solicitud de propuestas detallada, la empresa se puso en contacto con cinco proveedores de software diferentes. Al comparar las ofertas, la empresa pudo determinar que dos de los proveedores ofrecían soluciones particularmente actualizadas y completas que iban mucho más allá de los requisitos definidos originalmente. Después de más negociaciones, la empresa eligió un proveedor que no solo ofrecía una solución personalizada a un precio competitivo, sino que también brindaba soporte y capacitación superiores. Esta cuidadosa selección condujo a un aumento significativo de la eficiencia y una mejora significativa en los procesos comerciales.

Resultado
Obtener y comparar múltiples cotizaciones es un paso crucial para elegir el hardware y software de TI adecuado para su pequeña empresa. Le permite obtener una comprensión actualizada del mercado, evaluar la competencia de los proveedores, ampliar su propia búsqueda y, en última instancia, tomar la mejor decisión

posible para su negocio. Utilice los consejos prácticos descritos para que este proceso sea eficiente y logre los mejores resultados posibles.

Integridad de los datos

¿Qué es la seguridad de los datos?

La seguridad de los datos se refiere a la protección de los datos contra el acceso no autorizado, la pérdida o el daño. En nuestro mundo digitalizado, los datos personales y empresariales son un activo valioso. Desde fotos y correos electrónicos privados hasta información financiera y documentos comerciales, todos estos datos necesitan protección. La necesidad de seguridad de los datos ha aumentado en los últimos años a medida que han aumentado la ciberdelincuencia y el uso indebido de los datos.

¿Por qué es importante la seguridad de los datos?

1. Protección de la información personal: Nuestra información personal, como el nombre, la dirección, el número de teléfono e incluso los números de la seguridad social, puede utilizarse para el robo de identidad si cae en las manos equivocadas.
2. Protección de datos empresariales: Las organizaciones recopilan una amplia gama de información, desde datos de clientes hasta secretos comerciales. La pérdida de estos datos puede provocar daños financieros y una pérdida de confianza del cliente.
3. Obligaciones legales: Muchos países tienen leyes y regulaciones que exigen la protección de datos. Las violaciones de estas regulaciones pueden resultar en multas significativas.
4. Prevención de ciberataques: Los hackers acceden constantemente a los datos para robarlos o dañarlos. Las

medidas de seguridad de los datos pueden ayudar a protegerse de este tipo de ataques.

Conceptos básicos de seguridad de datos
1. Confidencialidad: Garantizar que solo las personas autorizadas tengan acceso a ciertos datos.
2. Integridad: Garantizar que los datos sean precisos e inalterados.
3. Disponibilidad: asegúrese de que los datos sean accesibles para los usuarios autorizados cuando sea necesario.

Medidas de seguridad de los datos

1. Seguridad de las contraseñas
Utilice contraseñas seguras y únicas para cada cuenta. Una contraseña segura contiene una combinación de letras, números y caracteres especiales. Debe cambiarse con regularidad y no reutilizarse para varias cuentas.

2. Autenticación de dos factores (2FA)
2FA proporciona una capa adicional de seguridad al requerir una segunda forma de verificación, como un código en el teléfono, además de la contraseña.

3. Encriptación
El cifrado significa que los datos se convierten en un código ilegible que solo se puede descifrar con la clave correcta. Esto protege los datos incluso si son interceptados.

4. Copias de seguridad
Las copias de seguridad periódicas garantizan que los datos se puedan restaurar en caso de pérdida o daño. Estas copias de seguridad deben almacenarse de forma segura y probarse con regularidad. IMPORTANTE: ¡En un momento de tranquilidad, restaure un fusible como prueba!

5. Software antivirus y antimalware

Estos programas ayudan a detectar y eliminar el malware antes de que pueda causar daños. Deben actualizarse periódicamente para protegerse de nuevas amenazas.

6. Actualizaciones de seguridad
Mantenga todos los sistemas y software actualizados instalando actualizaciones de seguridad. Estas actualizaciones corrigen vulnerabilidades que podrían ser explotadas por los piratas informáticos.

7. Formación y sensibilización
Los empleados y familiares deben estar informados sobre los riesgos de los ciberataques y capacitados para reconocer y denunciar actividades sospechosas.

¿Qué hay que tener en cuenta a toda costa?

1. Cambie las contraseñas con regularidad y nunca las reutilice.
2. Habilite la autenticación de dos factores siempre que sea posible.
3. Realice copias de seguridad periódicas y manténgalas seguras.
4. Utilice programas antivirus y antimalware y manténgalos actualizados.
5. Instale actualizaciones de seguridad para todos los dispositivos y software.
6. Garantice el cifrado de los datos confidenciales.
7. Proporcionar formación para concienciar sobre la seguridad de los datos.

Al observar estas medidas y revisarlas continuamente, puede proteger eficazmente sus datos de las diversas amenazas en el mundo digital.

Copia de seguridad

¡Recuerde siempre hacer al menos una copia de seguridad! También haga una prueba restaurando la copia de seguridad de los datos.

Estos son algunos pasos para hacer una copia de seguridad y restaurar:
1. Cree copias de seguridad periódicas:
    o   Utilice software como Copia de seguridad de Windows, Time Machine (Mac) o software de terceros como Acronis o Backup Exec.
    o   Establezca un horario para las copias de seguridad automáticas (por ejemplo, diarias o semanales).

2. Utilice diferentes medios de copia de seguridad:
    o   Discos duros externos, memorias USB o NAS (Network Attached Storage).

    o   Soluciones de almacenamiento en la nube como Google Drive, Dropbox o OneDrive.

3. Tenga en cuenta las políticas de copia de seguridad:
    o   Guarde al menos dos copias de sus datos, una local y otra externa (por ejemplo, en una caja de seguridad).

    o   Guarde al menos una copia en una ubicación física diferente.

4. Realizar pruebas de recuperación:
    o   Pruebe regularmente para ver si las copias de seguridad se pueden restaurar: ¡Esto es muy importante!

    o   Realice restauraciones completas y parciales para asegurarse de que los datos estén intactos.

5. Mantenga los registros de copia de seguridad:
    o   Documente cuándo y cómo se realizaron las copias de seguridad.

o Tome nota de dónde se almacenan las copias de seguridad y cómo se pueden restaurar en caso de desastre.

Al tomar estas medidas, se asegura de que sus datos estén seguros y puedan recuperarse rápidamente en caso de pérdida de datos.

Las empresas tienen una variedad de opciones para proteger su software y los datos producidos. Estas medidas incluyen enfoques técnicos, organizativos y procedimentales para garantizar la seguridad. Estos son algunos de los principales métodos:

1. Medidas técnicas de seguridad
   un. Firewalls und Intrusion Detection Systems (IDS)
   - Firewalls: Controlan el tráfico de red entrante y saliente en función de reglas de seguridad predefinidas y protegen contra el acceso no autorizado.

   - IDS e IPS: Los sistemas de detección de intrusiones detectan y reportan actividades sospechosas, mientras que los sistemas de prevención de intrusiones pueden tomar medidas activas adicionales para protegerse de las amenazas.

   b. Encriptación
   - Cifrado de datos: Tanto los datos en reposo como los datos en tránsito deben cifrarse para evitar el acceso no autorizado.

   - Cifrado de extremo a extremo: garantiza que solo las partes que se comunican puedan leer los datos.

   c. Gestión de accesos
   - Autenticación multifactor (MFA): Fortalece la seguridad al combinar

múltiples métodos de autenticación (por ejemplo, contraseña y biometría).

- Control de acceso basado en roles (RBAC): restringe el acceso a datos y sistemas en función del rol del usuario en la organización.

d. Actualizaciones de software y parches periódicos
- Actualizaciones: Asegúrese de que todos los sistemas y aplicaciones de software estén actualizados para cerrar las brechas de seguridad.

- Parches: aplique rápidamente parches de seguridad para abordar las vulnerabilidades conocidas.

2. Medidas organizativas
    a. Políticas de seguridad y capacitación
    - Políticas de seguridad: Desarrollar e implementar políticas de seguridad informática claras que deben ser seguidas por todos los empleados.
    - Formación: Formación periódica de los empleados sobre el comportamiento consciente de la seguridad y los riesgos de la ingeniería social, el phishing y otras amenazas.
    b. La estrategia de copia de seguridad
    - Copias de seguridad periódicas: Cree copias de seguridad periódicas de todos los datos importantes, idealmente en diferentes ubicaciones geográficas, para evitar la pérdida de datos debido a fallos de hardware, ciberataques o desastres naturales.

- Plan de recuperación ante desastres: desarrolle un plan para restaurar rápidamente los sistemas y datos de TI en caso de un incidente grave.

3. Medidas procesales
   a. Revisiones y auditorías de seguridad
   - Auditorías de seguridad: Compruebe periódicamente los sistemas y las redes en busca de vulnerabilidades.
   - Pruebas de penetración: Simulación de ciberataques para poner a prueba las medidas de seguridad.
   - Auditorías: Realización de auditorías periódicas para garantizar el cumplimiento de las directrices de seguridad y los requisitos reglamentarios.

   b. Inzident-Response-Plan
   - Gestión de incidentes: Establecer un plan para responder de forma rápida y eficaz a los incidentes de seguridad, incluida la notificación a las autoridades y a las partes afectadas.

   c. Medidas de protección de datos
   - Minimización de datos: Recopilación de solo los datos necesarios para minimizar el riesgo de violaciones de datos.
   - Anonimización y seudonimización: Técnicas para proteger los datos personales mediante la eliminación o sustitución de identificadores directos.

Resultado

Una estrategia de seguridad integral para las empresas incluye una combinación de medidas tecnológicas, organizativas y de procedimiento. A través de estos enfoques, las organizaciones pueden proteger eficazmente su software y sus datos al tiempo que minimizan el impacto de los incidentes de seguridad.

Por qué los datos no están seguros en la nube

Introducción

La tecnología en la nube ofrece muchas ventajas, como la escalabilidad, la accesibilidad y la rentabilidad. A pesar de estos beneficios, todavía existen importantes problemas de seguridad que pueden significar que los datos no siempre estén seguros en la nube. Este informe arroja luz sobre las principales razones de estas incertidumbres y proporciona información sobre los posibles riesgos y desafíos.

Principales razones de la incertidumbre de los datos en la nube

1. Pérdida y corrupción de datos:
    o Fallos de hardware y software: Incluso los proveedores de la nube no son inmunes a los fallos de hardware y software que pueden provocar la pérdida de datos.
    o Errores de configuración: Los errores en la configuración del almacenamiento en la nube pueden provocar que los datos se eliminen o corrompan accidentalmente.

2. Ciberataques:
    o Ataques de piratas informáticos: Los servicios en la nube son objetivos atractivos para los piratas informáticos que intentan acceder a grandes cantidades de datos confidenciales.
    o Ransomware: Los atacantes pueden usar ransomware para cifrar datos en la nube y exigir un rescate.

3. Protección de datos y cumplimiento:
   o   Legislación: El cumplimiento de las diferentes leyes y regulaciones de protección de datos en diferentes países puede ser difícil. Las violaciones pueden tener consecuencias legales y financieras.
   o   Acceso a los datos gubernamentales: En algunos países, las autoridades públicas tienen derecho a acceder a los datos almacenados en la nube, lo que puede comprometer la privacidad del usuario.

4. Falta de control y transparencia:
   o   Dependencia de terceros: los usuarios confían en las medidas de seguridad de los proveedores de la nube y, a menudo, no tienen control sobre las prácticas de seguridad reales.
   o   Procesos no transparentes: A menudo hay una falta de transparencia con respecto a las medidas que los proveedores toman para proteger los datos.

5. Amenazas internas:
   o   Mala conducta de los empleados: Los empleados de los proveedores de servicios en la nube pueden comprometer los datos de forma intencionada o involuntaria.
   o   Antiguos empleados: Los antiguos empleados podrían seguir teniendo acceso a datos confidenciales si los derechos de acceso no se gestionan correctamente.

6. Interfaces y API inseguras:
   o   Vulnerabilidades de las API: Los atacantes pueden aprovechar las vulnerabilidades de las API utilizadas para integrar y gestionar los servicios en la nube.
   o   Autenticación insuficiente: Los mecanismos de autenticación débiles pueden permitir que personas no autorizadas accedan a los servicios en la nube.

Recomendaciones para aumentar la seguridad de los datos en la nube

1. Encriptación:
   o Utilice técnicas de cifrado sólidas tanto para la transmisión como para el almacenamiento de datos.

2. Autenticación multifactor (MFA):
   o Implemente MFA para proteger mejor el acceso a los servicios en la nube.

3. Controles de seguridad periódicos:
   o Realice auditorías periódicas y pruebas de penetración para identificar y remediar las vulnerabilidades de seguridad.

4. Pautas de seguridad y capacitación:
   o Desarrolle políticas de seguridad integrales y capacite regularmente a los empleados sobre prácticas de seguridad.

5. Elegir el proveedor adecuado:
   o Elija proveedores de nube que tengan un historial comprobado de cumplimiento de altos estándares de seguridad y estén certificados (por ejemplo, B. ISO/IEC 27001).

6. Copias de seguridad de datos:
   o Realice copias de seguridad periódicas y manténgalas en un lugar seguro y separado.

Resultado

Aunque la nube ofrece muchas ventajas, las preocupaciones de seguridad no son despreciables. Sin embargo, al comprender mejor los riesgos e implementar las medidas de seguridad adecuadas, las empresas y las personas pueden mejorar significativamente la seguridad de sus datos en la nube.

Técnica de planificación de redes

Es mejor dejarlo en manos de un experto que sepa algo sobre tecnología de planificación de redes. Recuerdo muchas horas de estudio.

La tecnología de planificación de redes es un método para planificar, controlar y supervisar proyectos, especialmente proyectos complejos con muchas actividades interdependientes. Ofrece un modelo gráfico que representa las dependencias de tiempo y las secuencias lógicas de las actividades para planificar de forma óptima el proceso del proyecto. Aquí hay una explicación detallada:

Objetivo de la tecnología de planificación de redes

El objetivo de la tecnología de planificación de redes es representar claramente la estructura de un proyecto, identificar los cuellos de botella en una etapa temprana, determinar los tiempos de búfer y, por lo tanto, controlar de manera eficiente el proceso general. Esta técnica permite al director del proyecto predecir mejor la duración de un proyecto e identificar las desviaciones en una fase temprana para iniciar contramedidas.

Elementos básicos de la tecnología de planificación de redes

1. Tareas/actividades: Una tarea es una actividad concreta que tiene una duración determinada y tiene un punto de inicio y fin claramente definido. Cada operación puede requerir recursos (empleados, máquinas, materiales).

2. **Eventos:** Un evento marca el comienzo o el final de una o más operaciones. Los eventos en sí mismos no tienen duración y son hitos en el proyecto.
3. **Nodos:** En la representación de una red, las tareas o eventos están representados por nodos.
4. **Bordes/Conexiones:** simbolizan las dependencias entre las tareas. Un borde indica que la operación posterior no puede iniciarse hasta que se complete la anterior.

Diferentes métodos de tecnología de planificación de redes

Existen diferentes procedimientos dentro de la tecnología de planificación de redes, que se utilizan en función de los requisitos del proyecto. Los dos más conocidos son:

- Este método identifica la "ruta crítica", es decir, la secuencia de tareas que influye directamente en la finalización del proyecto. Si se retrasa una operación en la ruta crítica, se retrasa todo el proyecto.
- La ruta crítica consta de operaciones que no tienen tiempos de búfer. Estas operaciones deben llevarse a cabo estrictamente dentro del tiempo programado.
- Aplicación: Especialmente útil cuando se trata de proyectos en los que se requiere una programación precisa, como proyectos de construcción o instalaciones de grandes plantas.

2. Técnica de Evaluación y Revisión de Programas (PERT):

- Este método se utiliza a menudo cuando hay incertidumbres sobre la duración de las operaciones.
- PERT trabaja con distribuciones de probabilidad y calcula la duración más probable del proyecto en función de tres estimaciones: optimista, pesimista y probable.
- Aplicación: PERT es adecuado para proyectos de investigación y desarrollo u otros proyectos en los que existe un alto nivel de incertidumbre.

Principales ventajas de la tecnología de planificación de redes

1. Representación visual de las dependencias: **los** planes de red proporcionan una visión general clara de todos los pasos de trabajo y sus dependencias. Esto facilita la comprensión del curso del proyecto.
2. Optimización del tiempo: Al identificar la ruta crítica, los recursos se pueden dirigir a las actividades más importantes para minimizar los retrasos.
3. Planificación de recursos: Los planes de red ayudan a controlar de forma óptima el uso de los recursos al hacer visibles los cuellos de botella.
4. Detectar tiempos de búfer: los problemas no críticos proporcionan tiempos de búfer que proporcionan espacio para retrasos sin afectar al proyecto en general.
5. Detección temprana de problemas: Las desviaciones del plan, como los retrasos en los procesos críticos, se detectan a tiempo y se pueden abordar a tiempo.

Desafíos de la tecnología de planificación de redes

1. Complejidad: Para proyectos muy grandes, la red puede volverse muy compleja y confusa, lo que dificulta su uso.
2. Precisión de las estimaciones: La precisión del método depende en gran medida de las estimaciones de la duración y los recursos de cada operación.
3. Esfuerzo de mantenimiento: Si las condiciones marco cambian o las actividades se posponen, el plan de red debe actualizarse constantemente.

Resultado

La tecnología de planificación de redes es una poderosa herramienta para la gestión de proyectos, que ayuda a realizar un seguimiento de todo, identificar cuellos de botella y optimizar el marco de tiempo, especialmente en proyectos complejos. El uso de CPM o PERT depende de la naturaleza del proyecto y del grado de incertidumbre sobre la duración de la tarea. Cuando se utiliza correctamente, la tecnología de planificación de redes permite una planificación y un control estructurados y transparentes de los proyectos.

Por ejemplo
, una pequeña empresa que quiere modernizar su departamento de TI necesita coordinar a varios artesanos y proveedores de servicios para actualizar la infraestructura que necesita. La tarea consiste en planificar todo el proceso, desde el desmantelamiento de la antigua infraestructura hasta la puesta en marcha de los nuevos sistemas. La tecnología de planificación de red puede ayudar aquí a organizar lógicamente todos los pasos y reconocer las dependencias.

Ejemplo de una empresa: Modernización del departamento de TI
Descripción:

La empresa quiere modernizar su departamento de TI para permitir procesos de trabajo más eficientes. La modernización incluye:

- Sustitución de cableado antiguo (instalación eléctrica),
- Nueva instalación de un sistema de aire acondicionado para la sala de servidores (tecnología de aire acondicionado),
- Instalación de nuevos servidores y componentes de red (proveedores de servicios informáticos),
- Reforma de la habitación (pintor y tarimólogo).

El trabajo debe estar bien coordinado, ya que los diferentes oficios dependen unos de otros. Por ejemplo, el nuevo cableado no se puede instalar hasta que se haya renovado la habitación.

Principales tareas del proyecto: Planificación y preparación (proceso A): Un proveedor de servicios de TI trabaja con la empresa para desarrollar un plan detallado para la modernización.

1. Desmantelamiento de la infraestructura antigua (proceso B): En primer lugar, los servidores, cables y equipos técnicos antiguos deben desmontarse y eliminarse adecuadamente.
2. Renovación de la habitación (proceso C): Después del desmontaje, la sala debe estar preparada para la nueva tecnología. Entre ellas se encuentran:
    o Pintura
    o Colocación de un suelo antiestático (para evitar descargas eléctricas)
3. Instalación eléctrica y cableado (Proceso D): Una vez finalizados los trabajos de renovación, un electricista instala nuevas líneas eléctricas y de red.
4. Instalación del sistema de aire acondicionado (proceso E): La sala de servidores requiere un sistema de aire acondicionado especial, que solo se puede instalar después de la instalación eléctrica.
5. Instalación de los servidores y componentes de red (proceso F): El proveedor de servicios de TI instala y configura los nuevos servidores, conmutadores y enrutadores.
6. Pruebas finales y puesta en marcha (Operación G): Una vez instalado el hardware, se prueban todos los componentes y se pone en marcha el sistema.

Para
utilizar la técnica de red en este proyecto, necesitamos definir las dependencias entre las diferentes tareas.
1. Identificación de los procesos y sus dependencias:

- La tarea A (Planificación y preparación) es el primer paso y puede llevarse a cabo independientemente de las demás operaciones.

- La operación B (desmontaje) no puede comenzar hasta que se complete la planificación (dependiendo de A).
- La operación C (renovación de la habitación) solo puede comenzar cuando la habitación está vacía (dependiendo de B).
- El proceso D (instalación eléctrica) solo puede comenzar después de que se complete la renovación (dependiendo de C).
- La operación E (aire acondicionado) requiere que la instalación eléctrica esté terminada (dependiendo de D).
- La operación F (instalación del servidor) no puede comenzar hasta que se completen tanto el aire acondicionado como el cableado (dependiendo de E y D).
- La operación G (prueba y puesta en marcha) se produce después de la instalación de los servidores (dependiendo de F).

2. Duración de las transacciones (estimación):

- A: 5 días
- B: 2 días
- C: 5 días (2 días pintando, 3 días pavimentando)
- D: 3 días (instalación eléctrica y tendido del cable de red)
- E: 2 días (instalación de aire acondicionado)
- Q: 3 días (instalación y configuración del servidor)
- G: 1 día (pruebas y puesta en marcha)

3. Presentación del plan de red:

A continuación, se muestra una representación sencilla de las operaciones y sus dependencias:

- A → B → C → D → E → F → G

4. Ruta crítica y tiempos de búfer

La **ruta crítica** es la ruta más larga a través del plan de red, que determina la duración de todo el proyecto. En este caso, la ruta crítica es:

- A → B → C → D → E → F → G

Die Gesamtdauer des Projekts beträgt 5 Tage (A) + 2 Tage (B) + 5 Tage (C) + 3 Tage (D) + 2 Tage (E) + 3 Tage (F) + 1 Tage (G) = 21 Tage.

Dado que todas las operaciones son interdependientes y no hay tiempos de búfer, no hay lugar para retrasos en este proceso. Cualquier retraso en la ruta crítica retrasaría todo el proyecto.

Resultado

Este ejemplo muestra cómo se puede utilizar la tecnología de planificación de red para planificar de manera eficiente la modernización del departamento de TI de una pequeña empresa. Al identificar la ruta crítica, la empresa puede asegurarse de que todos los pasos se completen en el orden correcto y sin demoras. Con un proyecto tan complejo y con varios oficios, es particularmente importante identificar las dependencias y coordinar los recursos en consecuencia para completar el proyecto en el tiempo previsto.

Resumen de gestión

¿Qué es un resumen de gestión?

Un resumen de gestión, también conocido como resumen ejecutivo, es un resumen breve y conciso de un documento o informe voluminoso escrito para ejecutivos o responsables de la toma de decisiones. El objetivo de un resumen de gestión es resumir los puntos clave, las conclusiones y las recomendaciones del documento de forma que permita a los ejecutivos captar rápidamente la información esencial y tomar decisiones informadas sin tener que leer todo el documento.

Estos son los elementos esenciales de un resumen de gestión:

1. Propósito y objetivo: Explica el propósito principal del informe o documento y el objetivo.
2. Puntos clave y hallazgos: Resume los principales hallazgos, conclusiones o recomendaciones del documento completo.
3. Metodología: Describe brevemente los métodos utilizados o el enfoque utilizado para llegar a los resultados.
4. Conclusiones y recomendaciones: Presenta las principales conclusiones y recomendaciones concretas extraídas de los datos o análisis.
    Relevancia e implicaciones: Explica la importancia de los resultados y su impacto en la organización o proyecto. La selección correcta de hardware y software de TI es fundamental para la eficiencia y la competitividad de las pequeñas empresas. Al implementar las soluciones propuestas, las empresas pueden reducir sus costos operativos, aumentar la productividad y concentrarse mejor en sus competencias principales.

Un resumen de gestión suele ser corto, por lo general no más de una o dos páginas, y tiene como objetivo permitir que los tomadores de decisiones comprendan rápidamente de qué se trata el documento sin tener que leer todo el documento.

Componentes típicos de un resumen de gestión:
1. Introducción:
   o   Breve descripción del tema o problema tratado en el documento.
   o   Objeto y finalidad del documento.

2. Centros:
   o   Resumen de las principales conclusiones, hallazgos o análisis.
   o   Datos y hechos clave utilizados para respaldar las conclusiones.

3. Inferencias:
   o   Principales conclusiones extraídas de los resultados o análisis.
4. Recomendaciones:
   o   Recomendaciones concretas de acción o medidas propuestas sobre la base de las conclusiones.
5. Pertinencia:
   o   Explicación de por qué la información y las recomendaciones son importantes para los ejecutivos o la empresa.

Ejemplo de un resumen de gestión:

Introducción
Este documento analiza los requisitos actuales de hardware y software de TI de las pequeñas empresas y proporciona recomendaciones para la selección e implementación óptimas de estas tecnologías. El objetivo es proporcionar a las pequeñas empresas orientación práctica sobre cómo hacer que su infraestructura de TI sea eficiente y rentable.

Centros
   •   Análisis de mercado: El mercado de TI está evolucionando rápidamente y las pequeñas empresas deben evaluar constantemente nuevas tecnologías para seguir siendo competitivas.

- Requisitos: Las pequeñas empresas necesitan soluciones de TI flexibles, escalables y rentables que sean fáciles de implementar y mantener.
- Opciones: Se exploraron varias soluciones de hardware y software para satisfacer las necesidades específicas de las pequeñas empresas.

Inferencias
- Las pequeñas empresas son las que más se benefician de las soluciones de software basadas en la nube que requieren una baja inversión inicial y ofrecen una alta escalabilidad.
- En términos de hardware, los sistemas modulares que pueden crecer con el negocio son los más efectivos.

Recomendaciones
- Software: Invierta en soluciones basadas en la nube, como SaaS (Software as a Service) para contabilidad, CRM y gestión de proyectos.
- Hardware: Utilice soluciones de hardware modulares y escalables, como servidores y dispositivos de red, que se puedan actualizar fácilmente.
- Integración: Asegúrese de que todas las soluciones de TI estén bien integradas para garantizar un flujo fluido de información dentro de la organización.

Pertinencia

La selección correcta de hardware y software de TI es fundamental para la eficiencia y la competitividad de las pequeñas empresas. Al implementar las soluciones propuestas, las empresas pueden reducir sus costos operativos, aumentar la productividad y concentrarse mejor en sus competencias principales.

Un resumen de gestión bien redactado permite a los responsables de la toma de decisiones comprender rápidamente la información básica y tomar decisiones informadas sin tener que trabajar en todo el documento.

¿Cómo crea un responsable de la toma de decisiones un resumen de gestión?

¿Qué agencias pueden apoyarlo en esto?

Un responsable de la toma de decisiones crea un resumen de gestión resumiendo la información esencial de un informe o documento exhaustivo de forma concisa. Para ello, puede contar con el apoyo de varios departamentos dentro y fuera de la empresa. Aquí hay una guía paso a paso sobre cómo crear un resumen de gestión, así como consejos sobre qué lugares pueden ayudar:

Guía paso a paso para crear un resumen de gestión:
1. Revisa el documento:
   o Lea atentamente todo el documento para obtener una comprensión completa del contenido, los resultados y las recomendaciones.

2. Identifique los puntos clave:
   o Resalte los puntos clave, los hallazgos y las conclusiones. Preste especial atención a los temas recurrentes y a las cifras clave que respaldan los mensajes principales del documento.

3. Resumen de las declaraciones clave:
   o Crea un breve resumen de los puntos principales con tus propias palabras. Evite los detalles técnicos y concéntrese en la información esencial que es relevante para la toma de decisiones.

4. Formular conclusiones y recomendaciones:

- o Resumir las principales conclusiones y dar recomendaciones concretas. Asegúrese de que estos sean claros y procesables.

Introducción y relevancia:
- o Escriba una breve introducción que describa el propósito del documento y la relevancia de la información para la empresa.

Escribe de forma clara y concisa:
- Utiliza un lenguaje claro y conciso. Evita la jerga y los detalles innecesarios. El resumen de gestión debe ser fácil de entender y rápido de leer.

Revisar y perfeccionar:
- o Revise el resumen de administración para mayor claridad e integridad. Pida a sus colegas que den su opinión para asegurarse de que el resumen comunique eficazmente los puntos clave.

Organismos de apoyo:

Departamentos:
- o Marketing: Puede ayudar a resumir de manera concisa los puntos de venta más importantes y los datos de mercado.
- o Finanzas: Puede proporcionar datos financieros esenciales y análisis económicos.
- o IT: Puede preparar información técnica de forma comprensible.

Equipo de Gestión de Proyectos:
- o El equipo de gestión del proyecto puede ayudar a estructurar el resumen de gestión y garantizar que se incluya toda la información relevante del proyecto.

Ejecutivos y gerentes:
- o Puede proporcionar comentarios valiosos y asegurarse de que el resumen de gestión satisfaga las necesidades y expectativas de los responsables de la toma de decisiones.

Consultores externos:
- o Los consultores externos pueden ayudar en la preparación de un resumen de gestión, especialmente cuando se trata de temas complejos o especializados.

Comunicaciones:
- o Este departamento puede ayudar a formular el resumen de gestión de forma clara y eficaz para garantizar que el mensaje se comunique de forma clara y convincente.

Esta guía y los organismos de apoyo pueden ayudar a los responsables de la toma de decisiones a crear un resumen de gestión eficaz e informativo que transmita la información esencial de forma clara y concisa.

Ejemplo de un resumen de gestión

Nombre del proyecto: Introducción de un nuevo sistema CRM
Fecha: 11 de septiembre de 2024
Responsable: Directora de proyectos Maria Mustermann

Objetivo del proyecto:
El objetivo del proyecto es implementar un nuevo sistema CRM para aumentar la eficiencia en la gestión de clientes, mejorar el servicio al cliente y hacer un mejor uso del potencial de ventas.

Antecedentes:

El sistema CRM actual tiene numerosas limitaciones, incluida la baja usabilidad y la falta de integración con otros sistemas comerciales importantes. El cambio a un sistema CRM moderno es necesario para asegurar ventajas competitivas y optimizar los procesos.

Centros:

1. Costar:
   - Presupuesto total: 500.000 euros
   - 20% de ahorro mediante la negociación de nuevas licencias y la optimización de la infraestructura de TI.
2. Horario:
   - Fecha de inicio: 1 de octubre de 2024
   - Finalización prevista: 31 de marzo de 2025
   - El cumplimiento de los hitos planificados garantiza la finalización oportuna del proyecto.
3. Beneficios esperados:
   - Aumento de la eficiencia del servicio al cliente en un 30%
   - Mejore la participación del cliente a través de interacciones personalizadas
   - Aumente la calidad de los datos en un 25%, lo que permite un análisis y una toma de decisiones más precisos.
4. Riesgos:
   - Posibles retrasos en la migración de datos
   - Capacitar a los empleados requiere recursos y tiempo adicionales.

Recomendación:

El proyecto debe continuar según lo planeado, ya que los beneficios potenciales justifican la inversión y los riesgos identificados pueden minimizarse tomando las medidas adecuadas.

SOBRE EL AUTOR BERND SCHÜTT

El libro ofrece instrucciones prácticas sobre diversos temas.

El autor comparte su amplia experiencia en el sector de las tecnologías de la información (desde 1978) y ofrece valiosos consejos sobre cómo optimizar las estrategias de TI de las empresas.

Bernd Schütt acompañó todo el desarrollo de TI y fue responsable de las conversiones de TI y los cambios de sistemas en varias empresas (cooperativas de construcción, concesionarios de automóviles, empresas de leasing, etc.).

Ha trabajado en casi todas las áreas de TI (como operador, capacitador en operación de computadoras centrales de IBM 370/158, Siemens BS1000 y BS2000, Nixdorf, Digital, planificador de trabajo, asesor de usuarios, administrador de sistemas, programador, gerente de proyectos, gerente de TI, conferenciante de TI).

También es administrador - organizador de empresas (IHK).

Fue examinador en la Cámara de Artesanía de Hamburgo durante 10 años a petición de la Compañía de Transporte de Hamburgo HVV (Centro de Formación de Hamburgo).

www.ingramcontent.com/pod-product-compliance
Lightning Source LLC
Chambersburg PA
CBHW050315230526
45471CB00005B/2193